D0946342

Milan

Citiz

Terry Carter, Lara Dunston

Milan Citiz
1re édition

Traduit de *Best of Milan*
1st edition – January 2005
© **Lonely Planet Publications Pty Ltd**

Traduction française : © **Les Presses-Solar-Belfond**
12, avenue d'Italie 75627 Paris cedex 13
☎ 01 44 16 05 00
📧 bip@lonelyplanet.fr
🖥 www.lonelyplanet.fr

Dépôt légal
Février 2005
ISBN 2-84070-251-7

Coordination éditoriale Cécile Bertolissio **Maquette**
Gudrun Fricke **Cartographie** et **couverture** Corinne Holst
Traduction Ségolène Busch et Aline Chmakotine **Merci à**
Martin Angel, Françoise Blondel et Juliette Stephens pour
leur travail sur le texte.

© Lonely Planet Publications Pty Ltd 2005.
Tous droits réservés.

Photographies Lonely Planet Images et Martin Moos,
sauf les suivantes : p. 36 Philip et Karen Smith/Lonely
Planet Images ; p. 37 Damien Simonis/Lonely Planet
Images.

Photographie de couverture Le Duomo, Milan,
Scott Gilchrist/Masterfile. Toutes les photos sont sous le
copyright des photographes sauf indication contraire.

Toutes les photos publiées dans ce guide sont disponibles
auprès de l'agence photographique Lonely Planet Images
🖥 www.lonelyplanetimages.com

Remerciements © Milan Metro Map ATM S.p.A. 2003

Imprimé par Imprimerie Moderne de l'Est (IME),
Baume-les-Dames, France

COMMENT UTILISER CE GUIDE

Code couleur et cartes

Le repère de couleur en haut des pages de chaque
chapitre permet de localiser rapidement les sites et
les établissements sur les cartes (les lieux présentés
dans le chapitre *À ne pas manquer*, par exemple, sont
indiqués en orange sur les cartes). Les cartes sur les
rabats de couverture sont numérotées de 1 à 4. Tous
les sites et établissements s'accompagnent d'une
référence de carte : (2, E1), par exemple, renvoie
à la carte 2, case E1. Consultez la p. 96 pour une
description des symboles utilisés dans les cartes.

Prix

Les différents prix (par ex. 10/5 €) correspondent
généralement au tarif normal/réduit. Le tarif
réduit s'applique habituellement aux seniors, aux
enfants, aux étudiants et aux coupons de réduction.
Les prix des repas et les catégories de prix des
hébergements sont indiqués respectivement au
début des chapitres *Où se restaurer* et *Où se loger*.

Symboles du texte

☎ numéro de téléphone

✉ adresse

🖥 e-mail/site Internet

€ droit d'entrée

🕑 heures d'ouverture

ℹ informations

Ⓜ station de métro

🚌 ligne de bus

Ⓟ possibilité de parking

♿ accès handicapés

✖ restauration sur place ou à proximité

👶 adapté aux enfants

Ⓥ convenant aux végétariens

Sommaire

À propos de l'ouvrage

AUTEURS

Terry Carter

L'amour de Terry pour Milan naquit quand il s'offrit, à 21 ans, sa première Alfa Romeo. Depuis, sa passion pour l'Italie l'a amené à acclamer Ferrari dans les courses de Formule 1, à siroter du Chianti et à déguster du *parmigiano reggiano*. Aujourd'hui, il prépare ses pâtes lui-même et sait qu'il faut 16 minutes pour réussir un risotto. Auteur freelance et webmestre, Terry vit maintenant à Dubai (Émirats Arabes Unis), à 6 heures à peine de ses destinations préférées en Europe.

Lara Dunston

La scène sur le toit du Duomo dans le film de Visconti, *Rocco et ses frères*, a suscité la fascination de Lara pour Milan. Aussi, il y a 7 ans, elle commença la visite de cette ville par la magnifique cathédrale. Par la suite, elle se consacra moins aux sites, et davantage aux environs de Milan. Aujourd'hui, Lara sait apprécier les rues ombragées, les cours secrètes, les jardins et les villas couvertes de vigne. Sa carrière, dédiée à l'écriture, à la production de film et à l'enseignement, a toujours laissé place aux voyages – environ 50 pays parcourus, dont 5 séjours en Italie, avec toujours Milan comme point d'arrivée ou de départ.

PHOTOGRAPHE

Oliver North

Photographe de voyage et de cuisine, Oliver travaille à Bondi Beach, Sydney, où il vit avec Tina et leurs enfants passionnés de surf, Halley et Billy. Ses photos sont publiées dans de nombreux guides de cuisine ou de vins, et il collabore régulièrement avec quantités de magazines australiens et internationaux.

VOS RÉACTIONS ?

Vos commentaires nous sont très précieux et nous permettent d'améliorer constamment nos guides. Notre équipe lit toutes vos lettres avec la plus grande attention. Nous ne pouvons pas répondre individuellement à tous ceux qui nous écrivent, mais vos commentaires sont transmis aux auteurs concernés. Tous les lecteurs qui prennent la peine de nous communiquer des informations sont remerciés dans l'édition suivante, et ceux qui nous fournissent les renseignements les plus utiles se voient offrir un guide.

Pour nous faire part de vos réactions et prendre connaissance de notre catalogue, de notre revue d'information et des mises à jour, consultez notre site web : 🖳 www.lonelyplanet.fr.

Nous reprenons parfois des extraits de votre courrier pour les publier dans nos produits, guides ou sites web. Si vous ne souhaitez pas que vos commentaires soient repris ou que votre nom apparaisse, merci de nous le préciser. Pour connaître notre politique en matière de confidentialité, connectez-vous à notre site.

Introduction

Si Milan et Paris revendiquent la place de capitale internationale de la mode, ici la bataille est considérée comme gagnée. En Italie, Milan est synonyme de style. Les femmes portent des tenues élégantes avec naturel et les hommes n'hésitent pas à conduire leur scooter en costume trois-pièces. Mais ne vous fiez pas aux apparences : derrière ces lunettes de soleil chic, Milan est dure à la tâche. Au cœur de l'économie italienne, elle abrite la Bourse et la plupart des grandes entreprises du pays.

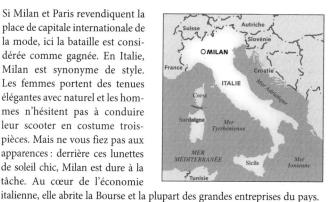

Quand les Milanais ne travaillent pas, ils savent s'occuper. Outre le shopping, la ville offre un large choix de concerts, de lieux pour l'*aperitivo*, de boîtes de nuit trépidantes et de théâtres d'avant-garde. La gastronomie n'est pas en reste : les restaurants élégants et la meilleure boutique gourmande du pays en font l'endroit idéal pour découvrir la cuisine de l'Italie du Nord.

L'histoire est partout. Vous pourrez siroter votre *espresso* matinal dans le café que fréquentait le compositeur Verdi. Le magnifique Duomo est l'une des plus grandes et des plus saisissantes cathédrales du monde. Les anciens palais renferment des chefs-d'œuvre, dont *La Cène* de Léonard de Vinci. Mais le plus fascinant, à Milan, ce sont toutes ces petites surprises que l'on découvre en se promenant au hasard. Là, des milanais affamés attendent dans une ruelle déserte qu'une table de leur pizzeria favorite se libère. Plus loin, un édifice historique arbore de splendides détails architecturaux dans une parfaite discrétion. Et si Milan accueille plus de visiteurs que Venise ou Florence, elle a su au fil du temps rester égale à elle-même. C'est peut-être là tout son charme.

Le fier gardien de la Piazza del Duomo

Orientation

C'est dans le centre historique que l'on trouve les principaux sites : le magnifique Duomo, le théâtre alla Scala et le Castello Sforzesco, sans oublier les verdoyants Parco Sempione et Giardini Pubblici. Admirez le panorama spectaculaire sur Milan depuis le toit du Duomo, puis promenez-vous dans les belles rues qui l'environnent.

Non loin de la Piazza del Duomo, le célèbre **Quadrilatero D'Oro** – le "quadrilatère d'or" – est l'endroit idéal pour profiter de la mode européenne dernier cri. Ses rues sont jalonnées de boutiques et de bijouteries, dont beaucoup occupent des *palazzi* néoclassiques.

Les rues pavées du charmant quartier **Brera**, à l'ouest de la Via Alessandro Manzoni, sont bordées de magasins d'antiquités, de cafés et de bars historiques, ainsi que de bons restaurants. Ce quartier acquit son style bohème en 1776, quand Marie-Thérèse d'Autriche fonda l'Accademia di Belle Arti sur la Via Brera, l'une des rues les plus animées de Milan, avec la Via Fiori Chiari à son extrémité nord.

> **Sortir des sentiers battus**
> Pour échapper à l'effervescence citadine, laissez les boutiques et les bars derrière vous et dirigez-vous vers le **Parco Sempione** (p. 30) ou le **Cimitero Monumentale** (p. 31). Au lieu du Duomo, partez à la découverte des charmantes **églises** de la ville (p. 28).

Flânez dans les charmantes ruelles pavées

Du début du XVe siècle à la domination espagnole, le duché de Milan fut gouverné depuis le **Castello Sforzesco**, situé hors des remparts de la ville jusqu'en 1549. Les parades militaires, qui s'y déroulaient autrefois, se sont ensuite déplacées vers le nord jusqu'au quartier **Sempione** – situé au nord du Parco Sempione, célèbre pour sa Fiera di Milano (foire commerciale et centre d'exposition). Aujourd'hui, ce secteur regroupe de formidables bars à *aperitivo*, de simples *trattorie* et une petite Chinatown.

Ticinese, au sud-ouest du centre médiéval, était autrefois le quartier ouvrier. Son nom vient de la rivière Ticino, qui entre dans la ville à l'ouest en longeant le Naviglio Grande – le plus grand canal de Milan, construit au XIIe siècle. Le quartier riverain de **Navigli**, considérablement rénové, est devenu très à la mode, avec certains des plus authentiques *trattorie* et des bars les plus animés de la ville. Les jeunes créateurs de mode et de bijoux se sont installés un peu plus au nord, près de la **Via Savona**.

C'est dans le quartier de la **Porta Garibaldi**, au nord du centre-ville, que se trouvent les bars et clubs branchés du Corso Como.

Itinéraires

Si Milan est très étendue, son centre historique se visitent aisément à pied, tout comme la plupart des centres d'intérêt. Si vous êtes pressé, vous pourrez vous procurer un forfait à la journée (3 €) ou pour 2 jours (5,50 €), auprès de l'office du tourisme et dans les stations de métro de la ville, permettant de circuler à la fois en tramway, en bus ou en métro.

> **Le meilleur de Milan :**
> - Le fascinant Duomo (p. 8-9), avec sa façade de marbre hérissée de flèches et de statues, et la vue magnifique sur la ville depuis son toit
> - Une soirée à la Scala (p. 15), l'opéra mythique tout juste rénové
> - Flaner dans Brera (p. 18) et arrêtez-vous dans l'un de ses *ristorante* goûter l'excellente cuisine milanaise

UN JOUR

Commencez par un café pris debout chez **Zucca in Galleria** (p. 53), dans la **Galleria Vittorio Emanuele II** (p. 14). Si vous avez réservé, rendez-vous au **Cenacolo** *(La Cène,* p. 11) ou bien gravissez les marches du **Duomo** (p. 8-9) pour profiter d'une vue aérienne de la ville. Effectuez la rapide promenade *Sites historiques* (p. 33), puis dégustez la cuisine traditionnelle milanaise à la **Trattoria Bagutta** (p. 52). Explorez ensuite le **Quadrilatero d'Oro** (p. 19), quartier de la mode, puis visitez la **Pinacoteca di Brera** (p. 10) l'une des plus importantes collections d'art d'Italie. Restez à Brera pour l'*aperitivo* (p. 57-8) avant de dîner au **Cracco-Peck** (p. 51).

DEUX JOURS

Commencez au **Castello Sforzesco** (p. 12-3), déjeunez au **Marino Alla Scala** (p. 52), puis admirez la **Scala** (p. 15). Rendez-vous ensuite sur la Via Torino

et le Corso Porta Ticinese pour un peu de **shopping** (p. 39-48), puis sur **San Lorenzo alle Colonne** (p. 28) ; prenez l'*aperitivo* au **Biciclette** (p. 58) avant de suivre le **circuit "Apéritif dans Navigli"** (p. 35) et nos conseils pour le dîner.

TROIS JOURS

Admirez les œuvres d'art de la **Pinacoteca Ambrosiana** (p. 16) et du **Museo Poldi-Pezzoli** (p. 23). Les gourmets essaieront **Peck** (p. 47) et déjeuneront dans son **Italian Bar** (p. 52). La **Basilica di Sant'Ambrogio** (p. 17) mérite une visite, mais reposez-vous pour profiter pleinement de votre soirée à la **Scala** (p. 15), suivie d'un dîner au **Don Carlos** (p. 51-2) ou au **Nabucco** (p. 54).

La Galleria Vittorio Emanuele II

À ne pas manquer

X

DUOMO (3, D5)

Situé au cœur de Milan, l'impressionnante Piazza del Duomo accueille le plus important monument de Milan, le Duomo (cathédrale ou église en italien), également le plus grand bâtiment gothique d'Italie. Avec 158 m de long sur 33 m de large et une capacité d'accueil de 40 000 places, c'est aussi l'une des plus vastes cathédrales du monde. Mais, plus encore que ses dimensions, c'est la complexité de ce chef-d'œuvre du gothique flamboyant qui impressionne : sa façade de marbre et son toit comptent une multitude de pinacles, statues et colonnes, le tout maintenu par un réseau d'arcs-boutants. Le Duomo attire cependant les critiques. Sa construction s'étant étalée sur plus de 500 ans, il mêle les styles gothique, baroque et néoclassique.

Le Duomo se dresserait sur le site d'un temple romain païen. Commandé en 1386 par Gian Galeazzo Visconti, il fut consacré deux siècles plus tard. Napoléon relança sa construction entre 1805 et 1813. L'extérieur est orné de 135 flèches, érigées entre 1397 et 1813, et de plus de 2 000 statues intégrées au toit et à la façade. Le marbre, merveilleusement crémeux, provient des carrières de la région du lac Majeur, dont le transport nécessita la création de canaux jusqu'à Milan.

Vous admirerez les imposantes portes d'entrée de la *Porta Maggiore* de Ludovico Pogliaghi, inaugurées en 1906. L'intérieur de la cathédrale offre un calme bienvenu après l'effervescence de la **Piazza del Duomo**. Les vitraux de droite datent du XVᵉ siècle ; leurs copies, à gauche, du XIXᵉ siècle. La lumière colorée qui les traverse illumine l'intérieur, divisé en 5 nefs latérales et soutenu par 52 immenses piliers. Dans le transept droit, ne manquez pas la curieuse statue de Saint Barthélémy, par Marco

PRATIQUE

✉ Piazza del Duomo
€ gratuit, Battistero di San Giovanni 1,50 €, escaliers menant au toit 3,50 €, ascenseur 5 €, musée et ascenseur 7 €
🕐 7h-19h, Battistero di San Giovanni 9h45-12h45 et 14h45-17h45 mar-dim, toit 9h-17h45, ascenseur 9h-17h30
♿ de simples rampes à l'entrée de la cathédrale
Ⓜ Duomo
🍽 Bistrot Duomo (p. 50-1)

Le culte de la magnificence

d'Agrate, illustrant la fin tragique du martyr (il fut écorché vif).

Côté nord du Duomo, un escalier mène au point culminant de la visite – la **terrasse sur le toit**, d'où l'on découvre un panorama magnifique sur la ville et ses environs. C'est une ascension de plus de 150 marches : prenez l'*ascensore* (ascenseur) si le souffle vous manque. Le toit offre aussi une vue splendide sur la flèche centrale (1774), haute de 108 m et surmontée d'une statue dorée en cuivre de 4,16 m de la **Madonnina** (la petite Madone), protectrice de Milan.

Pour en savoir plus sur les différentes étapes de la construction et de la restauration du Duomo, visitez le **Museo del Duomo** (p. 22).

POINTS FORTS

- Les magnifiques vitraux représentant des scènes bibliques
- La vue splendide, depuis le toit du Duomo, sur la Torre Velasca (p. 28)
- L'imposante *Porta Maggiore* illustrant tout à tour les souffrances et les joies de la Vierge

Détail de la gigantesque porte du Duomo

Shorts, épaules découvertes et torses nus sont interdits à l'intérieur de la cathédrale.

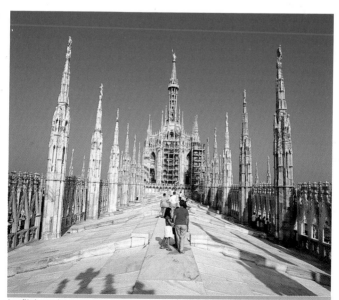

Les flèches et les statues de marbre blanc du toit du Duomo de Milan

✗ PINACOTECA DI BRERA (3, C2)

L'immense Palazzo di Brera, du XVIIe siècle, contient 38 salles dédiées à la **Pinacoteca di Brera**, l'une des plus importantes collections d'art d'Italie. Inaugurée au début du XIXe siècle, elle n'a cessé de s'enrichir d'œuvres du

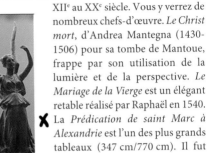

PRATIQUE

- ☎ 02 72 26 31
- 🖥 www.brera.beniculturali.it
- ✉ Palazzo di Brera, Via Brera 28
- € 5/2,50 €
- ⏱ 8h30-19h15 mar-dim
- ℹ audioguide 3,50 €
- ♿ excellent
- Ⓜ Duomo, Lanza
- ✗ Nabucco (p. 54)

XIIe au XXe siècle. Vous y verrez de nombreux chefs-d'œuvre. *Le Christ mort*, d'Andrea Mantegna (1430-1506) pour sa tombe de Mantoue, frappe par son utilisation de la lumière et de la perspective. *Le Mariage de la Vierge* est un élégant retable réalisé par Raphaël en 1540. ✗ La *Prédication de saint Marc à Alexandrie* est l'un des plus grands tableaux (347 cm/770 cm). Il fut commencé en 1504 par le peintre vénitien Gentile Bellini et achevé par son frère Giovanni, auteur de ✗ *La Vierge et l'Enfant* de 1510. Vous verrez aussi des peintures importantes de Giovanni da Milano (1346-1369), de Piero della Francesca (v. 1416-1492), du Milanais Gaudenzio Ferrari (né en 1546), du Caravage, de Tiepolo, de Rembrandt, de Goya, de Van Dyck, du Greco, etc. La salle X est dédiée à la peinture des XIXe et XXe siècle : vous y admirerez des œuvres de Picasso, Braque, Modigliani, Carra', De Pisis, Boccioni, Bonnard, etc.

POINTS FORTS

- ✗ La *Madonna della Candeletta* de Carlo Crivelli
- Le *Ritratto del Pittore Moise Kisling* de Modigliani
- *Il bacio* de Francesco Hayez

Le Palazzo di Brera abrite l'une des plus importantes collections d'art d'Italie

X CENACOLO VINCIANO (LA CÈNE) (2, B4)

"L'un de vous me trahira" – ces mots, prononcés par Jésus devant les 12 apôtres réunis autour de lui pour le dernier repas, ont inspiré la magistrale peinture murale de Léonard de Vinci, qui orne un mur du Cenacolo, le réfectoire du couvent dominicain attenant à la **Chiesa di Santa Maria delle Grazie.** L'histoire de cette œuvre, peinte entre 1494 et 1498, s'avère presque aussi passionante que la peinture elle-même.

PRATIQUE

☎ 02 894 21 146
🖥 www.cenacolovinciano.it
✉ Piazza Santa Maria delle Grazie 2, Corso Magenta
€ tarif plein/réduit 6,50/3,25 €, plus taxe de réservation 1,50 €/pers
🕐 8h15-18h45 mar-dim
Ⓜ Cadorna, Conciliazione
ℹ audioguide pour 1/2 pers 2,50/4,50 €
♿ accès possible
✗ Boccondivino (p. 56)

Les inondations, bombardements et déprédations qui se succédèrent au cours des siècles avaient laissé la peinture murale dans un état lamentable. Une restauration entreprise au XIXe siècle causa des dommages irréparables – l'alcool et le coton utilisés enlevèrent une couche de peinture. Mais c'est avant tout le mélange expérimental d'huile et de détrempe choisi par Léonard de Vinci qui ne résista pas au temps. Les premiers signes de détérioration apparurent au bout de 20 ans. Les dominicains n'arrangèrent pas les choses en 1652, lorsqu'ils élevèrent le sol du réfectoire en coupant la partie inférieure de la scène – dont les pieds de Jésus. En août 1943, la peinture fut presque détruite par une bombe qui tomba sur le réfectoire. La dernière restauration a débuté en 1978 pour s'achever en 1999.

Pour admirer *La Cène*, vous devez réserver par téléphone ; appelez quelques jours à l'avance pour être sûr d'avoir un ticket. L'opérateur vous attribuera une heure de visite et un numéro de réservation, que vous devrez présenter 30 min avant votre visite au guichet du réfectoire. Si vous arrivez en retard, votre ticket sera revendu. Si vous vous présentez sans réservation, vous aurez peut-être la chance de profiter d'un désistement. Dans ce cas, vous devrez régler tout de suite et revenir 10 min avant le début de la visite. Des audio-guides sont disponibles en français (2,50 €/pers).

POINTS FORTS

- Attention ! Les billets sont vite écoulés. Réservez à l'avance !
- La *Crucifixion* de Montorfano, sur le mur d'en face
- Éloignez-vous de la toile et considérez la peinture comme un prolongement du réfectoire, comme l'avait conçue Léonard de Vinci

✗ CASTELLO SFORZESCO   (2, C3)

À l'extrémité nord de la Via Dante s'élève l'immense **Castello Sforzesco**, construit en 1368 par Galeazzo II Visconti, puis transformé en palais par Filippo Maria et remodelé au XVe siècle par Francesco Sforza. Léonard de Vinci participa à la conception des défenses. Délabré puis attribué aux militaires sous les dominations espagnole et autrichienne, il fut sauvé par l'architecte Luca Beltrami, qui le restaura à la fin du XIXe siècle et en fit l'actuel ensemble de musées.

PRATIQUE
- ☎ 02 884 63 700
- 🖥 www.milano castello.it
- ✉ Piazza Castello
- € gratuit
- 🕐 9h-17h30
- Ⓜ Caroli, Cadorna, Lanza
- ♿ certaines salles sont accessibles
- ✗ Il Coriandolo (p. 53)

L'extérieur du château est dominé par la tour Filarete, qui s'effondra en 1521 mais fut reconstruite d'après les plans d'origine. Les ruines des fortifications de la Porta Vercellina se trouvent du côté gauche (en venant de la Via Dante). Les trous que vous voyez dans les murs en brique servaient à l'entretien de l'édifice.

Caché derrière le château en brique rouge, le **Parco Sempione** (p. 30) est un parc de 47 ha où vous verrez une voûte néoclassique, une arène négligée, inaugurée par Napoléon en 1806, et la Torre Branca (1933), tour en acier haute de 103 m proche du Palazzo dell'Arte.

Le Castello abrite les musées suivants :

Museo Egizio

Le Musée égyptien expose, dans les salles Visconti, des portraits de pharaons, une collection de momies, des objets quotidiens et des objets utilisés pour vénérer les morts.

Un air de vacances au Parco Sempione

Museo della Preistoria e Protostoria

Cette collection sur la préhistoire et la protohistoire concentrée sur la vallée du Pô fait partie du **Civico Museo Archeologico** (p. 21). Elle couvre les périodes paléolithique et néolithique jusqu'aux âges de bronze et de fer.

Pinacoteca

Des œuvres de l'époque médiévale jusqu'au XVIIIe siècle, dont des peintures de Mantegna et de Canaletto, mais aussi du XXe siècle, avec des peintures de Picasso, Sironi et Fontana.

Museo d'Arte Antica

Vaste collection de sculptures lombardes du début de l'époque chrétienne jusqu'au XVIIe siècle. La salle 8 conserve une fresque attribuée à Léonard de Vinci, sur la voûte de la Sala delle Asse (1498). Remarquez aussi la dernière œuvre inachevée de Michelangelo, la *Pietà Rondanini*, sur laquelle il semble avoir travaillé jusqu'à sa mort en 1564.

Museo degli Strumenti Musicali

Cette collection d'instruments rares, dont plusieurs violons du maître Stradivarius est une des plus grandes d'Europe et occupe les salles 36 et 37. Ne manquez pas l'orgue de Barbarie (violon mécanique) conçu pour une femme au XVIIIe siècle, ni un violon de poche utilisé par les professeurs de danse du XVIIe siècle au début du XXe.

> **POINTS FORTS**
> - Admirez le château, superbement illuminé la nuit
> - Les guitares aux formes originales du Museo degli Strumenti Musicali
> - Les tapisseries de Trivulzio aux Raccolte d'Arte Applicata, qui représentent les signes du zodiaque

Jeux d'eau devant l'imposante tour Filarete du Castello Sforzesco

Le Raccolte d'Arte Applicata

Cette collection d'art appliqué couvre un très large éventail d'arts décoratifs, depuis des tapis jusqu'à des céramiques de Lombardie.

Lors de notre passage, une partie du Musée civique d'art contemporain (CIMAC), autrefois installé au Palazzo Reale, était exposée au Castello, sous le nom de "Rites de passage".

✗ GALLERIA VITTORIO EMANUELE II   (3, D4)

Appelée *il salotto di Milano* (le salon de Milan) en raison de ses cafés et de ses restaurants, la Galleria Vittorio Emanuele II est une élégante galerie couverte de style néoclassique. Pratiquement détruite lors des bombardements de 1943 et scrupuleusement reconstruite par la suite, ses passages cruciformes s'étendent sur 196 m de la Piazza del Duomo au nord à la Piazza della Scala au sud, et sur 105 m selon l'axe est-ouest.

Il s'agit d'un des premiers édifices européens construits avec une structure en fer et en verre. Érigée entre 1864 et 1878, elle fut conçue par Giuseppe Mengoni, qui mourut sur le site un an avant la fin du projet, en tombant d'un échafaudage. Bien qu'elle ait hérité son nom du premier roi d'Italie, il était prévu, quand son plan de construction fut dessiné en 1859, qu'elle soit dédiée à François Joseph d'Autriche. Les quatre mosaïques autour de l'octogone central, en dessous du dôme de verre haut de 47 m, représentent l'Europe, l'Afrique, l'Asie et l'Amérique du Nord. Celles du sol représentent les signes du zodiaque. Évitez, comme le veut la tradition, de frotter vos semelles sur les testicules usés du taureau. Rien n'assure que cela porte chance !

PRATIQUE

- ✉ Galleria Vittorio Emanuele II
- € gratuit
- ⏱ 24/24h
- Ⓜ Duomo
- ♿ accès au rez-de-chaussée
- ✗ Zucca in Galleria

Les merveilleuses mosaïques de la Galleria

POINTS FORTS

- Pour commencer, une légère critique : la présence disgracieuse d'établissements de restauration rapide
- La toute première boutique Prada, où la marchandise est exposée comme dans un musée
- Prendre un verre et observez les passants depuis le café Zucca in Galleria (p. 53)

LA SCALA   (3, C3)

Officiellement nommé **Teatro alla Scala**, cet opéra mythique ouvrit le 3 août 1778 avec l'œuvre de Salieri, *Europa Riconosciuta*, et accueillit d'innombrables premières au cours du XIXe siècle et au début du XXe.

Il fut quasiment détruit durant la Seconde Guerre mondiale, mais rouvrit en 1946 sous la direction d'Arturo Toscanini, de retour de New York après 15 ans d'absence.

PRATIQUE
- 🖥 www.teatroalla scala.org
- ✉ Piazza della Scala
- Ⓜ Duomo
- ✗ Don Carlos (p. 51-2)

Le théâtre, en restauration depuis plusieurs années, est prêt pour la saison 2004-2005, démarrant traditionnellement le 7 décembre (voir p. 65 pour la réservation des billets). Les travaux de restauration ont connu des péripéties dignes des opéras qui y furent représentés. Les défenseurs du bâtiment, un des plus emblématiques de la ville, ont lancé un procès destiné à empêcher la démolition des cou-

Le légendaire Teatro alla Scala, inauguré en 1778 et magnifiquement restauré

lisses, et les travaux durent être interrompus suite à des protestations concernant certaines modifications prévues.

Le **musée** du théâtre, délocalisé pendant la restauration, occupe le **Palazzo Busca** (p. 23), donnant sur la Piazza di Santa Maria delle Grazie, à quelques pas du musée des Sciences et Technologies. Les visites de l'opéra reprendront après la réouverture.

La première de Madame Butterfly

Né à Lucca, en Toscane, Giacomo Puccini (1858-1924) étudia au conservatoire de musique de Milan et devint l'un des plus grands compositeurs d'opéra italiens. Il composa les grands opéras romantiques *Manon Lescaut* (1893), *La Bohème* (1896), *Tosca* (1900) et *Madame Butterfly* (1904), chefs-d'œuvre du vérisme, mouvement musical initié en Italie dans la seconde moitié du XIXe siècle, privilégiant le réalisme dramatique aussi bien dans la musique que sur scène.

L'opéra de *Madame Butterfly* se déroule au Japon au début du XXe siècle et conte le désespoir d'une jeune geisha séduite par un officier de l'armée américaine. Le 17 février 1904, Puccini la présenta à la Scala. La stupéfiante musique d'ouverture de l'opéra fut accueillie par un silence, puis par une cacophonie de sifflets orchestrés, selon beaucoup d'historiens, par les rivaux de Puccini. Celui-ci n'abandonna pas *Madame Butterfly* et après quelques modifications, l'opéra, dirigé par le plus grand chef d'orchestre de l'époque, Arturo Toscanini, fut accueilli beaucoup plus chaleureusement à Brescia le 28 mai de la même année. Bien que devenu l'opéra le plus apprécié de Puccini, *Madame Butterfly* ne fut interprété à Milan que 21 ans plus tard.

PINACOTECA AMBROSIANA (3, B5)

C'est une des plus belles galeries d'art de Milan. Elle conserve la première véritable nature morte italienne, la *Canestra di Frutta* (Panier de fruits, 1596) du Caravage. Vous y verrez aussi des œuvres de Tiepolo, du Titien et de Raphaël. Remarquez l'utilisation inhabituelle d'un profil de trois quarts dans le *Musico* (Portrait d'un musicien), de Léonard de Vinci, resté à l'état d'ébauche. La collection d'objets néoclassiques en bronze doré exposés dans l'aile Galbiati mérite aussi une visite.

L'édifice date de 1609. Il renfermait une des plus belles bibliothèques publiques de l'époque, et une des premières d'Europe. Elle fut bâtie sur ordre du cardinal Federico Borromeo, afin de recueillir la documentation dont il se servait pour démêler les mystères de la Bible. Mais le cardinal était également un connaisseur d'art, et il créa en 1618 la galerie d'art pour abriter sa collection. Celle-ci s'enrichit au cours des siècles, et les 24 salles contiennent aujourd'hui 35 000 manuscrits, plus de 700 000 ouvrages imprimés et une importante collection de manuscrits de Léonard de Vinci.

Une bibliothèque (⊗ 9h30-17h lun-ven), est uniquement accessible aux membres et aux chercheurs.

PRATIQUE

- ☎ 02 80 69 21
- 🖥 www.ambrosiana.it
- ✉ Piazza Pio XI 2
- € 7,50/4,50 €
- ⊗ 10h-17h30 mar-dim
- Ⓜ Duomo, Cordusio
- ♿ bon ; ascenseur à l'entrée
- 🍴 Italian Bar (p. 52)

Richissime bibliothèque et galerie d'art

POINTS FORTS

- Le *Musico* de Léonard de Vinci, peint sur bois
- La *Madonna del Padiglione* de Botticelli, aujourd'hui restaurée
- *L'Adorazione dei Magi* du Titien
- Les premières éditions de *La Divina Commedia*, de Dante

BASILICA DI SANT'AMBROGIO (2, B4)

Située sur la piazza Sant'Ambrogio, cette belle basilique fut érigée en 379 à l'emplacement d'un cimetière de martyrs chrétiens et fut consacrée en 386 par l'évêque Ambrogio (Ambroise), saint patron de Milan (voir p. 29), sous le nom de Basilica Martyrum. Son aspect actuel, caractérisé par une grande variété de styles, illustre l'histoire complexe de l'édifice qui connut plusieurs cycles de réparation, de reconstruction et de restauration. Le plus petit des deux campaniles remonte au IXᵉ siècle ; le second fut érigé en 1124.

La basilique est précédée d'un élégant atrium, bel exemple d'architecture romano-lombarde. À l'intérieur, vous admirerez le maître-autel, décoré d'or, d'argent et de pierres précieuses. Il est coiffé d'un surprenant *ciborium* (petit monument), créé au IXᵉ siècle par Volvinius afin d'accueillir la dépouille de Sant'Ambrogio. Des bas-reliefs décrivent la vie de Jésus et du saint patron de Milan, tout comme la mosaïque derrière l'autel. Dans la crypte, repose les restes de Sant'Ambrogio et des martyrs Gervasio et Protasio.

On entre au **Museo della Basilica** par l'arrière de l'église. Ses 6 salles exposent des œuvres d'art et divers objets hérités des origines de la basilique, généralement liés à la vie du saint patron de Milan.

PRATIQUE

- ☎ 02 864 50 895
- ✉ Piazza Sant'Ambrogio 15
- € gratuit
- 🕙 Basilique 7h-12h et 14h-19h lun-sam, 7h-13h15 et 14h30-19h45 ; musée 10h-12h et 15h-17h mer-ven et lun, 15h-17h sam et dim
- Ⓜ Sant'Ambrogio
- ✖ Baci & Abbracci (p. 56)

POINTS FORTS

- Le maître-autel, finement décoré
- Les mosaïques et les objets en stuc
- À l'intérieur de la basilique, les colonnes représentent les récits bibliques sur la lutte entre le bien et le mal

L'un des deux campaniles de la Basilica di Sant'Ambrogio vu de l'atrium

BRERA (3, B2-C2)

PRATIQUE

- ✉ entre le Castello Sforzesco et la Via Alessandro Manzoni
- ☾ après-midi et soir, surtout l'été
- ♿ les rues sont accidentées
- Ⓜ Lanza
- ✕ Nabucco (p. 54)

Variété de styles et esprit bohème à Brera

Aujourd'hui animé et branché, le quartier Brera a conservé son atmosphère bohème d'autrefois, avec ses merveilleuses rues pavées et ses nombreux cafés, bars et restaurants originaux qui côtoient les établissements plus traditionnels.

Un des principaux attraits du quartier réside dans le fait qu'ici les Milanais oublient un peu le travail pour se détendre en sirotant quelques verres à l'heure de l'*aperitivo*, ou en dégustant un bon repas en terrasse.

L'héritage bohème de Brera lui vient de Marie-Thérèse d'Autriche, qui fonda en 1776 la prestigieuse Accademia di Belle Arti sur la **Via Brera**. Cette rue et la **Via Fiori Chiari** font partie des lieux les plus branchés de la ville.

Le quartier comblera les amateurs d'art et d'histoire, avec la célèbre **Pinacoteca di Brera** (p. 10), l'un des plus grands musées d'art italiens, situé sur la Via Brera, et avec le Museo del Risorgimento, qui occupe l'élégant Palazzo Moriggia (p. 23) et se consacre à l'histoire italienne jusqu'en 1870. Ne manquez pas la superbe façade de l'église **San Marco** (p. 29).

POINTS FORTS

- Les stands des diseurs de bonne aventure qui jalonnent la Via Fiori Chiari en été
- Asseyez-vous à une table du Bar Brera (p. 61) et observez les passants
- Le marché d'antiquités – chaque 3e dimanche du mois

QUADRILATERO D'ORO

(3, E2-3)

Le "quadrilatère d'or" contient certaines des plus magnifiques résidences néoclassiques de Milan. Mais on les remarque assez peu, car les bâtiments abritent les vitrines des designers les plus huppés du monde. Rêve des accros de la mode, le quadrilatère est composé par les rues **Via della Spiga** (nord), **Via Sant' Andrea** (est), **Via Monte Napoleone** (sud), et la partie nord de la **Via Alessandro Manzoni** (ouest).

Si vous explorez ces rues pendant les soldes de janvier et de juillet vous verrez des foules d'acheteurs faisant patiemment la queue devant les boutiques dans l'attente d'une bonne affaire, les réductions s'élevant parfois à quelques centaines, voire quelques milliers d'euros. Lancés dans le tourbillon du shopping, les aficionados de la mode complèteront leur dernière acquisition de grand couturier d'un accessoire de luxe : chaussures, sac, cuir, fourrure... Les moins fortunés pourront admirer les décors des boutiques et les vitrines surprenantes, qui valent à eux seuls le détour.

Au cœur du quartier de la mode, les vitrines des boutiques des célèbres stylistes **Dolce & Gabbana** (p. 40), **Gucci** (p. 40) ou **Missoni** (p. 40), rivalisent avec des lieux d'art comme le **Museo Poldi-Pezzoli** (p. 23), qui abrite des tableaux de maîtres et de magnifiques collections d'objets du XVᵉ au XIXᵉ siècle et le **Museo Bagatti Valsecchi** (p. 22), installé dans un somptueux palais qui regorge d'œuvres d'art.

PRATIQUE

- ✉ entouré par la Via della Spiga, la Via Sant' Andrea, la Via Monte Napoleone et la Via Alessandro Manzoni
- ☼ boutiques généralement ouvertes de 10h-19h lun-sam
- ♿ les trottoirs sont étroits, mais les boutiques sont au niveau de la rue
- Ⓜ Monte Napoleone
- ✗ Il Salumaio di Montenapoleone (p. 52)

POINTS FORTS

- Une pause au Caffè Cova (p. 51), un salon de thé fondé en 1817
- Programmez votre séjour pendant les soldes de janvier et de juillet
- Le décor épuré de la boutique Dior Homme, par Hedy Slimane, ou les vitrines créatives de Moschino

Victimes de la mode, attention !

NAVIGLI (2, B6)

La vieille région portuaire de Milan comprend plusieurs canaux visibles, comme le Naviglio Grande. Ce canal navigable fut construit au XIIIe siècle et devint rapidement une route commerciale indispensable aux barges transportant des marchandises depuis et vers Milan. Aujourd'hui, Navigli constitue l'un des quartiers les plus animés de la ville. En été, restaurants, bars et clubs se remplissent chaque nuit de jeunes Milanais profitant des températures estivales.

PRATIQUE
- 🕐 fin d'après-midi, début de soirée, tard dans la nuit
- ♿ difficile, il faut traverser au début du canal près de la Darsena
- Ⓜ Porta Ticinese
- ✕ Officina 12 (p. 55)

Rendez-vous branchés le long du canal

Les travaux du Naviglio Grande commencèrent en 1177 ; le canal portuaire et le système de canaux de Milan, ville enfermée dans les terres, commencèrent à fonctionner en 1272. À partir du XVIIe siècle, les barges s'amarraient à la Darsena – le quai situé à l'ouest de la Piazza XXIV Maggio, où le canal prend fin. À l'époque médiévale, un circuit interne de canaux (aujourd'hui rebouchés) reliait la place au centre-ville. L'eau de ce système provenait du Tessin et du lac Majeur, et les barges étaient remorquées par des chevaux et des bœufs. Certaines barges sont devenues des bars ou des restaurants branchés. Le marbre utilisé pour la construction du Duomo fut transporté sur les eaux troubles du Naviglio Grande.

Les bords du canal ont été récemment rafraîchis et certaines des plus authentiques *trattorie* jalonnent la **Ripa di Porta Ticinese** et l'**Alzaia Naviglio Grande** – les deux chemins de halage situés de chaque côté du canal. Les bars les plus animés se trouvent sur la **Via Ascanio Sforza**, qui longe le Naviglio Pavese perpendiculairement au Naviglio Grande.

POINTS FORTS
- Une glace à la Rinomata Gelateria (p. 55), une *gelateria* qui a gardé de délicieuses recettes à l'ancienne
- L'*aperitivo* au bord du canal ou les bars à une heure tardive
- Le parfum de la citronnelle qui éloigne les moustiques et flotte dans l'air estival

À l'aube, le canal retrouve sa quiétude

À voir et à faire

MUSÉES ET GALERIES

Casa Museo Boschi di Stefano (2, E2) Cette collection exposée dans la demeure où elle a été constituée comporte des tableaux du XXᵉ siècle, auxquels s'ajoutent des œuvres du Musée municipal d'art contemporain, notamment de Sironi, Fontana et De Chirico.
☎ 02 202 40 568
✉ Via Jan 15 € gratuit
🕙 14h-18h mer-dim
Ⓜ Lima

Civico Museo Archeologico (2, B4) Logé dans le Monastero Maggiore, un couvent bénédictin du IXᵉ siècle, ce musée conserve une maquette de Milan à l'époque romaine, la *patera di Parabiago*, un plat en argent ciselé, et un vase Diatreta, taillé dans une seule pièce de verre, tous deux datant du IVᵉ siècle. La Chiesa di San Maurizio, avec ses fresques de Bernardino Luini datant du XVIᵉ siècle, jouxte le musée.

La Galleria d'Arte Moderna

☎ 02 864 50 011
✉ Corso Magenta 15
€ gratuit 🕙 9h-13h et 14h-17h30 mar-dim
Ⓜ Cadorna

Galleria d'Arte Moderna (3, F1) Installée dans la Villa Reale, une demeure du XVIIIᵉ siècle où Napoléon séjourna brièvement en 1802, cette galerie expose un large éventail d'œuvres du XIXᵉ siècle, dont beaucoup de la période néoclassique milanaise. On peut aussi y admirer les collections Grassi et Vismara, consacrées à l'art des XIXᵉ et XXᵉ siècles, notamment l'impressionnisme. Certaines parties seront peut-être fermées pour restauration.
☎ 02 760 02 819
✉ Via Palestro 16
€ gratuit
🕙 9h30-17h30 mar-dim
Ⓜ Palestro ou Turati

La Triennale di Milano (2, B3) Le Palazzo della Triennale (également appelé Palazzo dell'Arte) abrite une salle d'exposition conçue par Giovanni Muzio et bâtie en 1933. Parmi les thèmes traités : l'architecture, le design, l'artisanat, la communication et la mode. Pour plus de détails, consultez le site Internet.
☎ 02 724 341
🖥 www.triennale.it
✉ Viale Alemagna 6
€ prix selon l'exposition 🕙 10h30-20h30 mar-dim
Ⓜ Cadorna

Des exposition en mouvement

Les musées de Milan font l'objet de grands remaniements : des expositions ferment ou déménagent à mesure que les bâtiments sont rénovés. Bien qu'ouverts, certains musées n'exposent donc qu'une infime partie de leurs collections. Mais si une œuvre est jugée importante, elle est exposée dans la section ouverte du musée ou déplacée dans un autre musée. Renseignez-vous auprès de l'office du tourisme avant d'aller admirer une œuvre en particulier.

La municipalité de Milan envisage d'introduire un droit d'entrée pour certains des musées gratuits mentionnés ici. Lors de notre passage, cette mesure n'était pas encore en place.

**Museo Bagatti Valsecchi
(3, E3)** Visitez ce musée
pour découvrir la vie des
Milanais fortunés au
XIXᵉ siècle. Il occupe un
somptueux palais au cœur
du "quadrilatère d'or",
créé pour les frères Bagatti
Valsecchi entre 1878 et
1887. L'intérieur regorge
d'œuvres d'art, de meubles
et d'autres trésors datant de
l'âge d'or du duché.
☎ 02 760 06 132
🖳 www.museobagatti
valsecchi.org
✉ Via Gesù 5
€ 6 €
🕑 13h-18h mar-dim
Ⓜ San
Babila ou Montenapoleone

**Museo Civico di Storia
Naturale (2, E3)**
Le plus vieux musée du
pays, fondé en 1838.
Au dernier étage, vous
découvrirez des dioramas
à l'ancienne représentant
des habitats d'animaux.
Le bâtiment en brique
(1888-1893) renferme
des collections léguées en
grande partie par Giuseppe

de Cristoforis et composées
d'animaux empaillés, de
squelettes, de roches ou
d'œufs de dinosaures. La
reconstitution grandeur
nature d'un squelette de di-
nosaure ravira les amateurs
du genre.
☎ 02 884 63 280
✉ Corso Venezia 55
€ gratuit
🕑 9h-18h, jusqu'à
18h30 sam-dim Ⓜ Porta
Venezia ou Palestro

Museo del Cinema (2, D3)
Ce musée destiné aux
cinéphiles retrace les débuts
du 7ᵉ art, en exposant des
caméras et des équipements
audio de la fin du XIXᵉ et
du début du XXᵉ siècle. Il
possède également une
vaste collection d'anciennes
affiches et projette des
classiques italiens. Il occupe
le Palazzo Dugnani, du
XVIIᵉ siècle, à la lisière ouest
des Giardini Pubblici (p. 30).
☎ 02 655 49 77
✉ Giardini Pubblici
€ 2,60 € 🕑 15h-18h
Ⓜ Porta Venezia ou
Palestro

Museo del Duomo (3, D5)
Aménagé dans une aile du
Palazzo Reale (p. 26-7),
ce musée décrit les six siècles
d'histoire du **Duomo** (p. 8-
9). Sculptures et objets religieux y côtoient divers objets
relatifs à la construction de
l'édifice, dont une maquette
en bois de ce dernier. Ne
manquez pas le *Christ dans le
Temple* du Tintoret (1530).
☎ 02 86 03 58
✉ Palazzo Reale,
Piazza del Duomo 14
€ 6/3 € 🕑 10h-13h15 et
15h-18h Ⓜ Duomo

Museo di Milano (3, E3)
Un musée spécialisé dans
les documents et tableaux
consacrés à l'histoire de
Milan. Les amateurs d'histoire ne manqueront pas la
Bataille à la Porta Tosa de
Carlo Canella, un tableau représentant le soulèvement
milanais de 1848 qui vit
l'expulsion des Autrichiens
de la ville. Le bâtiment du
Palazzo Morando Attendolo
Bolognini abrite également
le Museo di Storia Contemporanea (p. 23).

Le Museo del Cinema, installé dans le Palazzo Dugnani datant du XVIIᵉ siècle

L'intérieur du Museo Poldi-Pezzoli : splendeur et élégance

☎ 02 760 06 245
🖥 www.museidelcentro.
mi.it en italien ✉ Palazzo
Morando Attendolo Bolo-
gnini, Via Sant'Andrea 6
€ gratuit 🕐 10h-18h
mar-dim Ⓜ San Babila
ou Montenapoleone

Museo del Risorgimento

(3, C2) L'élégant Palazzo
Moriggia, à Brera, accueille
ce musée dédié au Risorgimento, mouvement politique
qui entraîna la proclamation
du royaume d'Italie en 1861
et l'unification en 1871.
Parmi les objets ayant trait
à Napoléon, on peut voir les
vêtements qu'il portait lors de
son couronnement à Milan. La
bibliothèque, ouverte de 9h à
16h30 en semaine, contient
une passionnante collection
de manuscrits et documents
sur le Risorgimento.
☎ 02 884 64 176
✉ Via Borgonuovo 23
€ gratuit 🕐 9h-13h
et 14h-17h30 mar-dim
Ⓜ San Babila ou
Montenapoleone

Museo di Storia Contem-
poranea (3, E3) Installé
dans le même palazzo du

XVIIIe siècle que le Museo
di Milano, ce musée expose
des objets relatifs aux
deux guerres mondiales
et à quelques événements
plus récents de l'histoire
milanaise et italienne.
☎ 02 760 06 245
🖥 www.museidelcentro.
mi.it en italien
✉ Palazzo Morando
Attendolo Bolognini,
Via Sant'Andrea 6
🕐 10h-18h mar-dim
€ gratuit Ⓜ San Babila
ou Montenapoleone

Museo Nazionale della
Scienza e della Tecnica
(2, B4) Ce musée, logé dans
un ancien monastère, ravira
les amateurs de science. La
galerie Leonardo da Vinci en
constitue l'attrait majeur :
on peut y voir de superbes
dessins, ainsi que des
modèles en bois de ses
inventions. Les autres
expositions traitent de la
métallurgie, des techniques
d'impression, de la nais-
sance du cinéma moderne
ou de l'histoire du calcul.
La section sur l'aviation,
rénovée, renferme un
autogire de 1934.

☎ 02 48 55 51 🖥 www.
museoscienza.org
✉ Via San Vittore 21
€ 6,20/4,20 €
🕐 9h30-17h mar-ven,
9h30-18h30 sam et dim
Ⓜ S Ambrogio

Museo Poldi-Pezzoli
(3, D3) Éclectique et
excentrique, cette riche
collection privée fut
léguée à la ville en 1881
par un aristocrate nommé
Giacomo Poldi-Pezzoli. Y
figurent bijoux, porcelaine,
cadrans solaires, tapisseries,
armes anciennes, meubles
d'époque et tableaux.
À ne pas manquer : la *Vierge
à l'enfant* et la *Pietà* de
Botticelli.
☎ 02 79 48 89
✉ Via Alessandro
Manzoni 12 € 6/4 €
🕐 10h-18h mar-dim
Ⓜ Montenapoleone

Museo Teatrale alla
Scala (2, B4) Déplacé dans
le Palazzo Busca au début
des travaux de rénovation
de la Scala (p. 15), ce
ravissant musée permet de
découvrir le fabuleux passé
de l'illustre théâtre.

Faites tourner votre moteur…

Les rues de Milan ne manquent pas de vieilles voitures, mais rien ne laisse entrevoir le glorieux passé automobile de la région. Cependant, juste à l'extérieur de la ville, le **Museo Storico Alfa Romeo** (☎ 02 939 29 303 ; Via Alfa Romeo, Arese) présente un très grand nombre de voitures de cette marque autrefois si prestigieuse. Pour les passionnés des deux roues, le **Museo Moto Guzzi della Motocicletta** (☎ 03 417 09 111 ; Via Parodi 57, Mandello del Lario), sur la rive est du lac de Côme (p. 37), est situé au siège de motocycles Moto Guzzi.

Si vous rêvez de vous prendre pour Michael Schumacher, chez Ferrari, vous pourrez vous rendre à l'**Autodrome di Monza** (4, B2 ; ☎ 02 92 48 21), pour effectuer, le week-end, des tours de piste au volant de votre propre véhicule (30 €/heure).

À l'Autodrome di Monza

Vous y verrez notamment d'anciens instruments de musique, des rideaux et des costumes portés, entre autres, par Maria Callas. Parmi la soixantaine de gramophones et phonographes du XIXᵉ siècle et du début du XXᵉ, mentionnons la phonolampe (1925), un gramophone habilement déguisé en lampe de chevet.
☎ 02 469 12 49
✉ Corso Magenta 71
€ 5/4 €
🕐 9h-18h Ⓜ Duomo

Padiglione d'Arte Contemporanea (PAC) (3, F1) Créée dans les années 1950, cette galerie d'art contemporain propose des expositions temporaires valant généralement la visite. Consultez le site Internet pour plus d'informations sur les programmations futures.
☎ 02 760 09 085
🖥 www.pac-milano.org
✉ Via Palestro 14
€ 5,20/2,60 €
🕐 9h30-19h ven-dim,

mar et mer, 9h30-22h jeu
Ⓜ Palestro

Spazio Oberdan (2, E3) Cet espace consacré à l'art accueille souvent des expositions intéressantes, telles que celle dédiée à la relation entre Picasso et le torero Domínguín en 2004.
☎ 02 774 06 300
✉ Viale Vittorio Veneto 2 € variable
🕐 10h-19h30 mar-dim, jusqu'à 22h mar et jeu
Ⓜ Porta Venezia

BÂTIMENTS ET MONUMENTS REMARQUABLES

**Archi di Porta Nuova
(2, D2)** Cette porte de
la ville datant de 1171 a
été restaurée en 1861.
À la fin du XIIIᵉ siècle, le
fossé qui entourait Milan
fut remplacé par des
fortifications encerclées de
canaux (disparus depuis).
Cette muraille médiévale
– longée à l'est et à l'ouest
des Archi di Porta Nuova
par la Via Senato, la Via
Fatebenefratelli et leurs
prolongements respectifs
– forme le cœur des
trois cercles concentriques
de Milan, connu sous
le nom de "Cerchia dei
Navigli".
✉ Via Alessandro Man-
zoni Ⓜ Montenapoleone

La nuit, les Archi di Porta Nuova resplendissent de mille feux

**Bâtiment des Assicura-
zioni Generali (3, D2)**
Ce bâtiment de 1937, à la
façade ornée de statues
représentant les saints
patrons de Milan, Venise et
Trieste, est un des édifices
les plus saisissants de la Via

Manzoni. En 2000, un projet
architectural audacieux en
a fait un magasin phare
d'Emporio Armani.
✉ Via Alessandro
Manzoni 31
Ⓜ Montenapoleone

Casa Manzoni (3, D3)
L'écrivain milanais
Alessandro Manzoni
(1785-1873) vécut là de
1814 à sa mort, causée
par une chute dans l'église
San Fedele, voisine. Plus
tard, Verdi composa le

Requiem en l'honneur de
cet ami proche. Le bureau
de Manzoni est doté d'un
magnifique plafond peint
et d'un meuble réalisé par
son ami Tommaso Grossi.
☎ 02 864 60 403
✉ Via Morone
€ gratuit
🕐 9h-12h et 14h-16h,
mar-ven
Ⓜ Montenapoleone

**Palazzo Affari ai Giure-
consulti (3, C4)** Bourse au
XIXᵉ siècle, le Palazzo Affari
ai Giureconsulti (1823)
abrite aujourd'hui la
chambre de commerce et
la collection d'instruments
de musique du Museo
Teatrale alla Scala. Il se
situe en face du Palazzo
della Regione.
✉ Piazza Mercanti
Ⓜ Duomo

**Palazzo Arcivescovile
(3, D5)** Dominant l'extrémité
sud de la Piazza del
Duomo, face à l'entrée
latérale de la cathédrale,
ce bâtiment fut le siège
traditionnel des chefs
ecclésiastiques aux XIᵉ et
XIIᵉ siècles. L'archevêque

Le chef-d'œuvre de Manzoni

Alessandro Manzoni (1785-1873) est considéré
comme l'un des plus grands écrivains italiens. Son
roman *I Promessi Sposi* (Les Fiancés) figure parmi
les œuvres maîtresses de la littérature italienne.
L'ouvrage fut réédité plusieurs fois au début du
XIXᵉ siècle, et Manzoni réécrivit certaines parties
entre les publications. Ardent patriote, il situa son
récit dans le Milan du XVIIᵉ siècle pour dénoncer, de
façon indirecte, les oppresseurs de son époque. Tout
en décrivant la vie des années 1600, particulièrement
de la peste de 1630, le roman conte l'histoire d'un
jeune couple qui lutte contre les puissants, opposés
à leur mariage. Derrière cette œuvre historique se
cache une métaphore contre les abus du pouvoir et
de toute forme de tyrannie.

de Milan s'y installa pour la première fois en 1170.
✉ Piazza del Duomo
Ⓜ Duomo

Palazzo della Banca Commerciale Italiana (3, D3) Cet édifice de 1907 est le plus impressionnant de la Piazza della Scala, dépassant nettement l'opéra, sur le côté gauche de la place. Il abrite une banque depuis toujours.
✉ Piazza della Scala
Ⓜ Duomo

Palazzo della Borsa (3, A4) Construit en 1931 sur la Piazza degli Affari – site d'un amphithéâtre romain datant probablement du Ier siècle – le Palazzo della Borsa (Bourse de Milan) est un exemple de style néoclassique.
✉ Piazza degli Affari
Ⓜ Cordusio

Palazzo delle Stelline (2, B4) École pour orphelins au XVIIe siècle, cet édifice

héberge aujourd'hui un centre de congrès, un hôtel trois-étoiles et des bureaux de la Commission européenne. Des œuvres d'Andy Warhol et de Daniel Spoerri, entre autres, ont été exposées dans la **Galleria Refettorio delle Stelline** (réfectoire), où sont organisées des expositions temporaires d'art contemporain.
✉ Corso Magenta 59

Palazzo dell'Informazione (3, E1) C'était le siège du journal fasciste *Il Popolo d'Italia* dans les années 1940. Aujourd'hui, cet immense bâtiment (1938-1942), situé au nord-est de la place, est occupé par le magasin de meubles Poliform.
✉ Piazza Cavour
Ⓜ Montenapoleone

Palazzo di Brera (3, C2) Ce palais baroque, édifié en 1651 pour le riche ordre des jésuites, abrite

Détail d'une façade

aujourd'hui l'**Accademia di Belle Arti** de Marie-Thérèse d'Autriche et l'illustre **Pinacoteca di Brera** (p. 10). Une statue en bronze de Napoléon (1809) se dresse au centre de l'élégante cour intérieure, autour de laquelle s'organise cet immense bâtiment.
✉ Via Brera
Ⓜ Duomo ou Lanza

Palazzo Marino (3, D4) Ce chef-d'œuvre de l'architecture résidentielle du XVIe siècle, conçu en 1558 par Galeazzo Alessi, se situe entre la Piazza della Scala et la Piazza San Fedele. Érigé pour le banquier Tommaso Marino, il abrite le siège du conseil municipal depuis 1860. Le palazzo est fermé au public.
✉ Piazza della Scala
Ⓜ Duomo

Palazzo Reale (3, D5) Ce palais néoclassique fut réaménagé en 1778

Un peu de fraîcheur après une journée de visite

Réhabilitation du Palazzo Reale

Le splendide Palazzo Reale, siège du pouvoir municipal depuis le Moyen Âge, est ouvert aux visites depuis 1919. Gravement endommagé pendant la Seconde Guerre mondiale, il est aujourd'hui en cours de restauration. Réalisés sur un projet proposé en 1977 par les architectes du Studio BBPR, les travaux ont débuté en 1980.

La 1re phase, achevée en 1993, a vu la restauration du rez-de-chaussée et du sous-sol de l'édifice. L'espace d'exposition temporaire (et de stockage) résultant a permis l'utilisation d'une partie du palais.

Lors de la 2e phase (1998-2000), les salles du 1er étage de l'aile est ont été restaurées pour accueillir des expositions. L'aile ouest, mieux conservée, est devenue le Museo della Reggia (musée du Palais royal). La 3e phase, en cours, prévoit l'expansion du Museo d'ici à 2006. Si certaines salles sont déjà ouvertes aux visiteurs, un long chemin reste à parcourir.

après avoir été le siège du pouvoir municipal au XIe siècle, puis la résidence des Visconti à partir du XIIe siècle. Sa chapelle – dont la superbe tour de l'horloge en brique – est demeurée intacte. Le palais accueille des expositions d'art contemporain.
☎ 02 439 11 119
✉ Piazza del Duomo
Ⓜ Duomo

Bâtiment Pirelli (2, E2)
Construit entre 1955 et 1960 pour servir de siège à la société Pirelli, ce gratte-ciel a été dessiné par les meilleurs architectes et ingénieurs italiens de l'époque, dirigés par Gio Ponti. Avec plus de 127 m de haut, ce fut le premier bâtiment de la ville à dépasser la Madonnina du Duomo. Il demeura le plus grand immeuble en béton armé au monde pendant

plusieurs années. Depuis 1979, il abrite le conseil régional de Lombardie.
✉ Piazza Duca d'Aosta
Ⓜ Centrale FS

Planetario Ulrico Hoepli (7, E3) Don de l'éditeur Ulrico Hoepli, ce planétarium à coupole verte date des années 1930. Situé à la lisière nord des Giardini Pubblici (p. 30), il propose des visites guidées et des conférences sur l'astronomie.
☎ 02 295 31 18
✉ Corso Venezia 57, Giardini Pubblici
Ⓜ Porta Venezia ou Palestro

Porta Ticinese (2, C5)
Situé juste au sud de la San Lorenzo alle Colonne Basilica (p. 28), l'arc rouge de la Porta Ticinese constituait l'entrée la plus méridionale du Milan

médiéval. Au XIIIe siècle, un canal bordait sa partie extérieure. La porte fut reconstruite dans les années 1860.
Ne la confondez pas avec l'autre Porta Ticinese, construite par les Espagnols quelques pas

Ruines romaines près de la Porta Ticinese

La Torre Velasca

tes qui s'ouvraient dans les remparts élevés par les Espagnols après 1549.

La voie partant vers l'ouest mène aux portes jumelles : **Porta Nuova** (Ⓜ Repubblica) et **Porta Garibaldi** (Ⓜ Garibaldi FS et Moscova) ; près de cette dernière on peut voir les postes de péage du XIXᵉ siècle.

✉ **Bastioni di Porta Venezia et Corso Venezia**
Ⓜ **Venezia**

Stazione Centrale (2, E1)

La grandiose Stazione Centrale, avec son étonnant toit de fer et de verre et son immense façade de 207 m de long, richement ornée de créatures ailées, est représentative de l'architecture de l'ère fasciste. Commencée en 1912, cette gare – l'une des plus grandes d'Europe et l'édifice le plus vaste de Milan après la cathédrale – ne fut achevée qu'en 1931.

✉ **Piazza Duca d'Aosta**
Ⓜ **Centrale FS**

Tempio della Vittoria (2, B4)

Au nord de la Basilica di Sant'Ambrogio, un sentier conduit de la longue Piazza Sant'Ambrogio à ce temple en marbre, consacré en 1930 et dédié aux 10 000 Milanais tués pendant la Première Guerre mondiale. Devant, une flamme éternelle brûle en hommage au Soldat inconnu.

✉ **Piazza Sant'Ambrogio**
☾ 8h30-12h et 13h-17h mar-dim
Ⓜ **S Ambrogio**

Torre Velasca (3, D6)

Cet immeuble de 20 étages est devenu l'un des emblèmes de Milan. Dessiné à la fin des années 1950 par le Studio BBPR, il fut construit entre 1956 et 1958. Il est coiffé d'un bloc en avancée de 6 étages accueillant des bureaux, qui évoquent le sommet d'une tour médiévale.

✉ **Piazza Velasca**
Ⓜ **Missori**

plus au sud, sur la Piazza XXIV Maggio.

✉ **angle Corso di Porta Ticinese et Via de Amicis**
Ⓜ **S Ambrogio**

Porta Venezia (2, E3)

La solide Porta Venezia fut érigée dans les années 1820 en lieu et place de la Porta Orientale, l'une des six por-

ÉGLISES

San Babila (3, F4)

Cet édifice remarquable du charmant Corso Venezia occupe le site d'une église paléochrétienne datant de l'an 46. Rebâtie en 1575, l'église actuelle a fait l'objet de plusieurs modifications, comme l'ajout du campanile en 1820, et de quelques discrètes extentions romanes entre 1853 et 1906.

✉ **Piazza San Babila**
Ⓜ **San Babila**

San Lorenzo alle Colonne (2, C5)

Cette charmante basilique fut bâtie entre 355 et 372 à la demande de Sant'Ambrogio. Devant elle, se dresse une impressionnante rangée de 16 colonnes romaines, vestiges romains les plus caractéristiques de la ville. Les soirs d'été, le quartier tout entier est envahi par la jeunesse milanaise qui vient s'y amuser.

✉ **Piazza Vetra**
Ⓜ **Missori**

Quand la Renaissance côtoie l'Empire romain

Le saint patron de Milan

Haut fonctionnaire de l'Empire romain, Aurélius Ambrosius, futur saint Ambroise (Sant'Ambrogio), fut nommé évêque de Milan en 374, alors qu'il n'était que catéchumène. Cet ancien gouverneur de Ligurie régla de façon si efficace le conflit entre catholiques et ariens (une secte chrétienne qui niait l'unité entre Jésus et Dieu) qu'il reçut rapidement l'ordination.

À l'époque, Milan était la capitale de la partie occidentale d'un Empire romain sur le déclin et Ambroise devint une figure dominante de la politique impériale. Avec Gratien, empereur de l'Empire romain d'Occident, il lança une croisade visant à éradiquer le paganisme et l'hérésie arienne.

Ambroise était un évêque puissant et charismatique. Il baptisa notamment saint Augustin (386) et contraignit l'empereur Théodose à une expiation publique suite au massacre de la population de Thessalonique (390). Il pressentit le futur rôle politique de l'Église dans les affaires européénnes et inspira la composition du *Te Deum*. Il mourut en 397.

San Marco (3, C1) ✕
Cette église est l'un des joyaux du quartier de Brera. Bâtie en 1524 sur le site d'une église plus ancienne, elle fut reconstruite en 1871 dans un style néogothique, ne conservant de l'ancien bâtiment que la superbe porte en pierre orné d'un bas-relief de l'enfant Jésus. Verdi y donna la première représentation de son *Requiem*.
☎ 02 290 02 598
✉ Piazza San Marco 2

L'église San Marco illuminée

🕐 7h30-12h et 16h-19h30 lun-ven

San Maurizio (2, C4)
Cette église de 1503 est réputée pour ses merveilleuses fresques du XVIᵉ siècle de Bernardino Luini (ne manquez pas la *Vie de sainte Catherine*). Des concerts réputés y sont organisés, généralement en hiver (pour plus d'informations, voir *Où sortir*, p. 59).
✉ Corso Magenta 15
🕐 9h-12h et 16h-17h30 mar-dim, messe (rite grec-byzantin) 18h sem et 10h30 dim Ⓜ Cadorna

San Sepolcro (3, B5)
Fondée en 1030, cette église de brique rouge fut dédiée au Saint-Sépulcre durant la Seconde Croisade. Sa crypte romane est un des

L'église Sant'Eustorgio et sa superbe façade néoromane

seuls éléments hérités de l'église d'origine. Le forum du Mediolanum (Milan) romain se trouvait entre cette place et la Piazza Pio XI – une petite portion en a été dégagée dans la Biblioteca Ambrosiana (p. 16). La façade néoromane résulte d'une rénovation de 1879.
✉ **Piazza San Sepolcro**
Ⓜ **Duomo**

Sant'Eustorgio (2, C5) La version originelle de cette église, dotée d'une façade néoromane (1865), fut édifiée au IXe siècle et modifiée au XIe siècle. On peut y voir la Cappella Portinari (chapelle de saint Pierre martyr) datant du XVe siècle et un baptistère conçu par Donato Bramante.
✉ **Piazza Sant'Eustorgio**

PARCS ET ESPACES PUBLICS

Giardini Pubblici (2, D3) Ces magnifiques jardins publics créés en 1784 constituent le plus vaste parc municipal de Milan. Orné de statues et équipé de bancs donnant sur l'élégant Museo Civico di Storia Naturale, il forme un agréable refuge en pleine ville. Des pistes de jogging, bondées le week-end, entourent les jardins. À l'extrémité ouest, des manèges anciens et des jeux attendent les enfants.
🕒 **6h30-tombée de la nuit** Ⓜ **Palestro**

Parco Sempione (2, B3) Ce vaste parc (1894) abrite l'Arca della Pace, une arène néoclassique en triste état, inaugurée par Napoléon en 1806, et **La Triennale di Milano** (p. 21), œuvre architecturale remarquable et salle d'exposition. La Torre del Parco, une tour conçue par Gio Ponti, jouxte le **Just Cavalli Café** (p. 63), agréable pour prendre un verre. Les promenades nocturnes sont déconseillées.
€ plate-forme panoramique de la tour 3 €
🕒 6h30-20h, jusqu'à 21h mars, avr et oct, jusqu'à 22h mai, jusqu'à 23h30 juin-sept Ⓜ **Cairoli, Cadorna ou Lanza**

Paix et contemplation dans les Giardini Pubblici

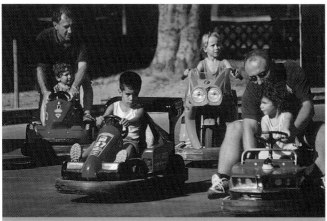

Le Parco Sempione fait le bonheur des petits et des grands

Piazza del Duomo (3, D5) L'impressionnante place centrale est dominée par le plus grand monument de Milan, le **Duomo** (cathédrale, p. 8-9). Formant le cœur de la ville depuis l'époque médiévale, les palais qui la bordent ont accueilli les archevêques jusqu'au XIIIe siècle, puis les puissants ducs Visconti. Aujourd'hui, la place demeure le centre social et géographique de Milan. Elle acquit son aspect grandiose entre 1865 et 1873, lorsque l'architecte Giuseppe Mengoni l'a agrandie en dotant ses côtés nord et sud d'élégantes galeries à arcades.

Ⓜ Duomo

MILAN INSOLITE

✗ **Cimitero Monumentale (2, B1)** Les tombes de ce cimetière créé en 1866 sont restées modestes jusqu'en 1895, puis les familles commencèrent à rivaliser de fastes. La sépulture du magnat de la distillerie Davide Campari (1867-1936) arbore une version en relief de *La Cène* de Léonard de Vinci par Giannino Castiglioni (1884-1971). Ce dernier a également conçu l'émouvante sculpture en bronze (taille réelle) d'un couple inconnu étendu sous un drap sur son lit de mort. Seuls les plus riches et célèbres Milanais sont enterrés ici.

☎ 800 915 586
🕑 8h30-17h30 mar-dim

Cheval de Léonard de Vinci (2, A4) Au XVe siècle, Léonard de Vinci imagina la plus grande statue équestre au monde, sans pouvoir la réaliser. En 1999, une équipe américaine décida de donner vie au projet selon les plans originaux de l'artiste. La statue trône désormais à l'ouest de l'hippodrome, dans le quartier de San Siro – une situation surprenante qui donne une idée de l'accueil peu enthousiaste qu'elle a suscité. De la station de métro, parcourez 1,5 km vers le sud-ouest dans la Viale Frederico Caprilli.

✉ Piazzale dello Sport 6
🕑 9h30-18h30 Ⓜ Lotto

Les tombes fastueuses des personnalités milanaises

MILAN POUR LES ENFANTS

Milan est réputée pour la mode et le design, mais elle ne manque pas non plus d'activités pour les enfants. De nombreuses suggestions pour occuper ou divertir nos charmantes têtes blondes sont répertoriées dans l'encadré *Jeux d'enfants à Milan* ci-dessous.

Les voyageurs qui comprennent l'italien pourront se procurer un exemplaire du guide *Milano dei Bambini e delle Mamme* (Milan pour les enfants et les mamans), réactualisé tous les ans et répertoriant les crèches, les écoles, les cours parentaux et de multiples idées d'activités avec des enfants. Il est publié par l'ACTL (Associazione per la Cultura e il Tempo Libero ; ☎ 02 864 64 080, fax 02 720 22 583 ; Via Silvio Pellico 6 ; www.actl.it), basée à Milan. Vous le trouverez dans toutes les librairies.

Jeux d'enfants à Milan

- Nourrir les nuées de pigeons sur l'historique Piazza del Duomo (p. 31)
- Prendre l'ascenseur jusqu'au sommet du Duomo (p. 8-9) et contempler Milan à ses pieds
- Découvrir le plus grand cheval au monde ou admirer les inventions de Léonard de Vinci au Museo Nazionale della Scienza e della Tecnica (p. 23)
- Se détendre dans un parc de la ville ou offrir aux enfants un tour sur un manège ancien des Giardini Pubblici (p. 30)
- Assister au Grand Prix de Monza ou à un match de football dans l'un des stades de la ville (p. 68)

Entrée du complexe du Teatro delle Marionette et du Teatro delle Arti

Teatro delle Marionette
(2, B4) Ce théâtre de marionnettes, le plus anciennement établi de Milan, propose des spectacles de marionnettes, drôles ou sérieux, tant pour les enfants que pour les adultes. Vous pourrez y applaudir Pulcinella et "Punch and Judy", versions italienne et anglaise de notre Guignol.
☎ 02 469 44 40
✉ Via degli Olivetani 3
€ 12/8 €
🕐 10h lun-ven, 16h sam, 15h et 17h30 dim
Ⓜ San Ambrogio

Balades et visites

PROMENADES À PIED
Sites historiques

Commencez à la **Piazza del Duomo** (**1** ; p. 31) et admirez l'allure majestueuse du **Duomo** (**2** ; p. 8-9), avant de pénétrer à l'intérieur. Montez sur le toit pour une vue spectaculaire sur la ville. Dirigez-vous vers le **Palazzo Reale** (**3** ; p. 26-7) en longeant le flanc sud de la cathédrale et en observant ses détails complexes.

Tournez à droite dans la Via Palazzo Reale, après le **Museo del Duomo** (**4** ; p. 22). Continuez jusqu'à l'angle de la Via Santa Tecla et de la Via delle Ore, et retournez-vous pour admirer l'élégante tour en brique octogonale de **San Gottardo in Corte** (**5**).

Poursuivez sur la Via delle Ore et entrez sur la **Piazza Fontana** (**6**). Son élégante fontaine, inaugurée en 1782, fut dessinée par Piermarini et sculptée par Giuseppe Franchi.

distance 1,2 km **durée** 1 heure 30
▶ **départ** Piazza del Duomo
Ⓜ Duomo
◉ **arrivée** Galleria Vittorio Emanuele II Ⓜ Duomo

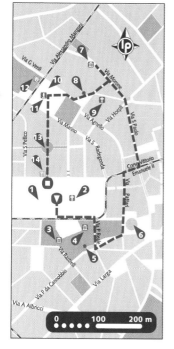

Tournez à droite à hauteur du Corso Vittorio Emanuele II, puis à gauche dans la Via San Paolo. Traversez ensuite la Piazza Belgioioso et observez la **Casa Manzoni** (**7** ; p. 25), l'ancienne demeure magnifiquement restaurée d'Alessandro Manzoni.

Suivez l'étroite Via degli Omenoni jusqu'au n° 3 et la **Casa Degli Omenoni** (**8**), de 1565, à la façade ornée de cariatides. Passez la **Chiesa de San Fedele** (**9**), puis la **Piazza della Scala** (**10**) où l'on découvre une **statue de Leonardo** (**11**). L'élégant **Teatro alla Scala** (**12** ; p. 15) se dresse devant vous. Entrez dans la **Galleria Vittorio Emanuele II** (**13** ; p. 14) pour une pause café dans le vivant **Zucca in Galleria** (**14** ; p. 53).

La statue de Léonard de Vinci devant le Palazzo Marino

Lèche-vitrines

Cette promenade, réservée aux amoureux de la mode, commence dans la **Galleria Vittorio Emanuele II** (**1** ; p. 14) chez Prada, installé dès 1913. Après avoir admiré les sacs exposés comme dans un musée, traversez la Piazza della Scala jusqu'à Trussardi. Dégustez un café au **Marino alla Scala** (**2** ; p. 52). Longez la Via Alessandro Manzoni et tournez à droite dans la Via Monte Napoleone, le cœur du célèbre Quadrilatero d'Oro, le

---

distance 2 km **durée** 2 heures
▶ **départ** Galleria Vittorio Emanuele II Ⓜ Duomo
⬤ **arrivée** Emporio Armani Ⓜ Montenapoleone

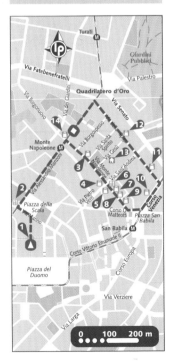

Les grands noms de la mode, Via della Spiga

quartier de la mode. Dans cette rue élégante se côtoient **Valentino** (**3** ; p. 42), **Versace** (**4** ; p. 42) et **Gucci** (**5** ; p. 40). Entrez vous reposer dans l'historique **Caffé Cova** (**6** ; p. 51) avant de vous risquer dans une autre boutique **Prada** (**7** ; p. 41-2). En continuant sur la Via Monte Napoleone, vous passerez devant **Missoni** (**8** ; p. 40-1) et **Armani** (**9** ; p. 40). Tournez à gauche dans Corso Venezia, où vous remarquerez Miu Miu et des boutiques **Dolce & Gabbana** (**10** ; p. 40). Tournez à gauche sur la jolie Via della Spiga, interdite aux voitures, pour admirer d'autres grandes marques – Bulgari, Tiffany, **Gio Moretti** (**11** ; p. 41), un Prada, un Dolce & Gabbana, et **Moschino** (**12** ; p. 41). Remarquez la Via Gesù sur votre gauche, où se cache l'**Hôtel Four Seasons** (**13** ; p. 70). À la fin de la Via della Spiga, tournez à gauche dans la Via Alessandro Manzoni jusqu'à l'**Emporio Armani** (**14** ; p. 40) pour un déjeuner très élégant.

Circuit "Apéritif dans Navigli"

L'heure de l'*aperitivo* commence vers 18h. Mettez-vous en route vers 17h30, en comptant 30 minutes pour marcher jusqu'aux *navigli* (canaux). De la **Piazza del Duomo** (**1** ; p. 31), descendez les rues commerçantes que sont la Via Torino et le Corso di Porta Ticinese, en remarquant la superbe **Basilica di Sant'Ambrogio** (**2** ; p. 17), point de rendez-vous nocturne. Passez devant le populaire **Luca's Bar** (**3** ; p. 61), sous la médiévale Porta Ticinese ; tournez à droite sur la Via Edmondo de Amicis, puis à gauche à l'intersection et entrez dans Conca del Naviglio. Arrêtez-vous au **Biciclette** (**4** ; p. 58) pour un cocktail accompagné de succulents en-cas offerts. Dirigez-vous ensuite vers les *navigli*. Il en existe deux : gagnez d'abord le Naviglio Grande, le second sur la gauche. Faites votre première halte au bord de l'eau à l'**Officina 12** (**5** ; p. 55) pour un en-cas substantiel, ou chez son voisin, **El Brellin** (**6** ; p. 58), pour grignoter devant un cocktail. Si vous aimez le vin et le fromage, choisissez **Luca & Andrea** (**7** ; p. 61), un peu plus loin. Traversez le canal et revenez en arrière pour goûter aux plats de la **Pizzeria Tradizionale** (**8** ; p. 55). Pour danser, rendez-vous sur Naviglio Pavese, où se trouvent de nombreux bars latino-américains et des lieux de musique live tels que **Scimmie** (**9** ; p. 66), puis allez à Piazzale XXIV Maggio jusqu'au **Trottoir** (**10** ; p. 66). Remontez le Corso di Porta Ticinese jusqu'à la **Piazza di Sant'Ambrogio** ou essayez les bars animés **Cheese** (**11** ; p. 61) et **Yguana** (**12** ; p. 62).

distance 5 km **durée** 4 heures
▶ **départ** Piazza del Duomo
Ⓜ Duomo
● **arrivée** Corso di Porta Ticinese
Ⓜ Missori

Un moment de détente au bord du canal

PRATIQUE

58 km au nord-est de Milan

🚌 La gare routière de Bergamo sur le Piazzale G Marconi, SAB (☎ 03 524 02 40 ; 🖥 www.sab-autoservizi.it en italien) dessert les lacs et les montagnes et assure une liaison vers/depuis la Piazza Castello de Milan (4 €, toutes les 30 min).

🚆 Trains presque toutes les heures entre la Stazione Centrale de Milan et la gare ferroviaire Piazzale G Marconi (3,75 €, 45 min).

🚗 Autostrada A4 ou S11, suivez les panneaux *città alta* vers la vieille ville.

ℹ️ Ville haute (☎ 03 524 22 26 ; www.bergamo.it ; Vicolo Aquila Nera 2 ; ⏰ 9h-12h30 et 14h-17h30).

EXCURSIONS D'UNE JOURNÉE
Bergamo (4, C2)

Bergamo est composée de deux villes : la *città alta* (ville haute), fortifiée, sise au sommet d'une colline et entourée de la *città bassa* (ville basse), complément moderne de cet ancien et superbe avant-poste de l'empire vénitien. Longtemps dominée par des étrangers, Bergamo possède une forte identité qu'illustre la survivance d'un dialecte local, incompréhensible aux visiteurs. Centrez votre visite sur la splendide ville haute, avec sa gracieuse Piazza Vecchia et ses *palazzi* environnants.

Cremona (4, D4)

Berceau du violon stradivarius, Cremona maintient jalousement sa réputation séculaire d'excellence dans la création d'instrument à cordes. Toutes les grandes dynasties de fabricants de violons (Amati, Guarneri et Stradivari) ont débuté ici, et vous aurez tout le loisir de découvrir cet art, en particulier au Museo Stradivariano. Cité indépendante durant des siècles, Cremona se targue d'un centre-ville restreint mais impressionnant et de l'un des meilleurs nougats du monde.

Cremona, la ville du violon

PRATIQUE

65 km au sud-est de Milan

🚆 5 €, 1 heure, plusieurs par jour.

🚗 A1 autostrada, à gauche dans A21.

ℹ️ Office du tourisme (☎ 03 722 32 33 ; www.aptcremona.it ; Piazza del Comune 5 ; ⏰ 9h-12h30 et 15h-18h lun-sam, 9h-12h30 dim juil et août).

Pavia   (4, B4)

Pavia fut autrefois la plus puissante cité du Nord. Devenue un centre industriel et agricole, elle conserve des sites merveilleux – dont l'une des plus anciennes universités d'Europe, l'Università di Pavia, dans le centre médiéval. Ne manquez pas non plus la Certosa di Pavia, trésor d'architecture lombarde, construite en 1396. La province produit près d'un tiers du riz italien, et la spécialité locale est le risotto – goûtez au *risotto con le rane* (risotto aux grenouilles).

PRATIQUE
40 km au sud de Milan
- Bus SGEA (☎ 03 82 37 54 05 ; 🖳 www.sgea.it) 2,75 €, 35 min, 7/j.
- Trains directs de la gare de Pavia à Milan (2,40 €, 30 min, jusqu'à 8/j).
- Autostrada A7 depuis Milan et sortie au croisement Bereguardo ou Gropello C.
- ℹ️ Office du tourisme (☎ 03 822 21 56 ; 🖳 www.apt.pavia.it en italien ; Via Fabio Filzi 22 ; ⏲ 8h30-12h30 et 14h-18h

✗Lago di Como   (4, B2)

La ville de Como borde la rive sud du lac de Côme, une immense masse d'eau qui s'étend sur 51 km vers le nord en formant un "Y" positionné à l'envers. C'est une jolie ville, qu'éclipse toutefois la "perle" du lac, la splendide ville de Bellagio, située à 30 km au nord de Como, à l'endroit où le "Y" se divise en branches occidentale et orientale. Bellagio offre des vues superbes et des promenades pittoresques : l'endroit idéal pour passer la nuit.

PRATIQUE
45 km au nord de Milan
- 🖳 www.lakecomo.com
- Les trains réguliers partent de la Stazione Centrale et de la Stazione Nord de Milan. Le trajet dure environ 30 min.
- A8 puis A9 après Lainate.
- Navigazione Lago di Como (☎ 03 157 92 11), Piazza Cavour, propose des ferries tout au long de l'année vers de nombreuses destinations au bord du lac.
- ℹ️ Office du tourisme (☎ 03 126 97 12 ; aptinfo@lakecomo.org ; Piazza Cavour 17, Como ; ⏲ 9h-13h et 14h30-18h, fermé le dim en hiver).

La grandiose chartreuse de Pavia

CIRCUITS ORGANISÉS

Il existe une multitude de possibilités de circuits organisés à Milan : de la visite touristique en tramway à la promenade à pied personnalisée dans la cité historique.

Autostradale. Cette compagnie de bus organise une excursion de 3 heures, qui inclut *La Cène* de Léonard de Vinci et la visite du Cimitero Monumentale. Les circuits partent à 9h30 (mar-dim, sauf 2 dernières sem août), en face de l'office du tourisme APT de la Piazza del Duomo (à l'angle de la Via Marconi). Les billets coûtent 40 €, entrée à *La Cène* comprise. Gratuit pour les - 12 ans. Renseignements et billets sont disponibles à l'office du tourisme APT.
☎ 02 339 10 794
🖳 www.autostradale.it

Tramway Ciao Milano. Le tramway pour touristes, véhicule d'époque datant des années 1920, est une excellente option. Il passe 2 fois/jour (3 fois/jour le week-end), d'avril à octobre, devant les principaux points d'intérêt. Les billets, valables une journée, coûtent 20 € et s'achètent à l'office du tourisme APT de la Piazza del Duomo. Vous pouvez descendre et remonter à votre guise ; parmi les arrêts, citons Piazza Castello, Via Torino (pour aller à la Piazza del Duomo), Chiesa di Santa Maria delle Grazie, Porta Venezia, Piazza Repubblica et Via Alessandro Manzoni.
☎ 02 720 02 584 pour tout renseignement et réservation
🖳 www.autostradale.it

A Friend in Milan. Cette formule, plus personnalisée, propose des circuits explorant les principaux monuments, des visites en voiture et des excursions au choix : vous établissez votre itinéraire et l'on vous en indique le prix. Le tarif de l'accompagnateur est de 50 €/heure.
☎ 348 600 62 98
🖳 www.friendinmilan.co.uk

Prenez le rythme des Milanais et visitez la ville à pied

Shopping

Vous sortez en ville ? Faites comme les Milanais et mettez-vous sur votre trente et un : une allure distinguée vous ouvrira notamment les portes de certaines boutiques lorsque, pendant les soldes, le nombre d'entrées est limité. La plupart des visiteurs viennent pour les grandes enseignes de mode, mais Milan est aussi réputée pour le mobilier, la décoration d'intérieur et le design.

Les grandes maisons de mode ont élu domicile dans le Quadrilatero d'Oro, un quartier délimité par la Via Manzoni, la jolie Via della Spiga (piétonne), la Via Sant'Andrea et la célèbre Via Monte Napoleone.

Des vêtements, chaussures, accessoires et bijoux de luxe sont proposés dans les boutiques sophistiquées et les élégantes *gallerie* du Corso Vittorio Emanuele II, une large rue piétonne qui s'étend du Duomo jusqu'à la Piazza San Babila. De là, le Corso Venezia relie le Corso Buenos Aires, une rue animée avec des librairies, des vêtements et des chaussures bon marché. La Via Dante, une rue piétonne à deux pas de la Piazza del Duomo, abrite d'autres commerces du même type.

La Via Torino est spécialisée dans une mode jeune et branchée, le Corso di Porta Ticinese dans les vêtements alternatifs, les bijoux originaux et le streetwear "tendance".

Des magasins de design dernier cri sont disséminés dans toute la ville, mais surtout dans les Corsi Venezia, Monforte et Europa. Enfin, les passionnés d'art et d'antiquités trouveront leur bonheur autour de Sant'Ambrogio, dans San Maurilio et San Giovanni, ou dans Brera et Solferino.

Horaires d'ouverture

La plupart des magasins ouvrent de 9h30 à 19h30, du lundi au samedi. Ceux qui ouvrent le week-end démarrent tard le lundi. Ils peuvent fermer une heure ou deux pour le déjeuner, mais rarement plus longtemps comme c'était le cas auparavant. Dans le centre, la plupart ne ferment pas de la journée et beaucoup ouvrent le dimanche en été. Si vous trouvez porte close, faites comme les Milanais : patientez en buvant un *macchiato* à un comptoir de café.

L'élégante Galleria Vittorio Emanuele II, entre la Piazza del Duomo et la Piazza della Scala

VÊTEMENTS

✗ STYLISTES ITALIENS

Armani (3, D2)
Le grand magasin Armani occupe tout un pâté de maisons et regorge de produits Emporio Armani, Armani Jeans, Armani Casa et Sony. Livres, parfums, cosmétiques, chocolats, vins et fleurs sont aussi proposés. Les cafés Armani et le restaurant et sushi bar Nobu (p. 50) sont à votre disposition.
☎ 02 723 18 600
✉ Via Manzoni 31
Ⓜ Montenapoleone

✗ **Dolce & Gabbana (3, E2 et F3)** Les splendides magasins de D&G constituent un "must" pour les passionnés de mode. Les collections élégantes et sophistiquées pour hommes et femmes et les modèles plus sexy et ludiques se répartissent sur plusieurs gigantesques boutiques.
☎ 02 760 01 155/04 091
✉ Via della Spiga 2 et 26, Corso Venezia 7
Ⓜ S Babila

Mariella Burani (3, E4)
Burani propose plusieurs gammes très féminines : Amuletti pour les jeunes femmes branchées, Selene pour les citadines sophistiquées et Più donna pour les femmes rondes.
☎ 02 760 03 382
✉ Via Monte Napoleone 3
Ⓜ S Babila

Gianfranco Ferré (3, E3)
Originaire d'Italie du Nord, Ferré a débuté en dessinant des imperméables pour une fabrique de Gênes. Il a affirmé ses talents de création chez Christian Dior.

La chemise d'organza blanc est sa marque de fabrique.
☎ 02 78 04 06
✉ Via Sant'Andrea 15
Ⓜ S Babila

Gucci (3, E3)
Dernier Gucci à la tête de l'empire, Maurizio Gucci fut assassiné en 1995 devant son bureau, Via Palestro 20. Au cours d'un procès retentissant, son ex-femme, Patrizia Reggiani, fut condamnée à 26 ans de prison pour avoir commandité le meurtre. Aujourd'hui, le nom et le style Gucci demeurent synonymes d'élégance suprême et de glamour.
☎ 02 77 12 71
✉ Via Monte Napoleone 5/7 Ⓜ S Babila

Les célèbres zigzags multicolores de Missoni

Missoni (3, E3)
Les tricots multicolores de la maison Missoni, installée à Milan, firent crépiter les flashs

Guide des défilés

Avec le succès de la haute couture dans les années 1950, le plus grand défilé de mode d'Italie, qui se tenait deux fois par an à Florence, se déplaça vers le nord, de même que de nombreuses maisons de haute couture florentines. Aujourd'hui, les défilés milanais sont saisonniers : les plus grands couturiers dévoilent leurs collections de prêt-à-porter pour femmes en février/mars et septembre/octobre, pour hommes en janvier et juin/juillet. Les places sont rares pour ce show d'une dizaine de jours à la Fiera di Milano. *Mood* – un magazine réputé sur la mode, le design, les tendances et événements artistiques – réalise un guide sur les défilés en association avec l'institution organisatrice, la Camera Nazionale della Moda Italiana. Celui-ci répertorie les dates des défilés, fêtes et inaugurations, ainsi que les coordonnées les plus récentes des salles – un must dans une ville où les boutiques semblent en perpétuelle évolution. Vous pourrez vous le procurer dans les boutiques, bars et cafés ou auprès de Mood (☎ 02 777 17 01 ; www.moodmagazine.net ; Corso Venezia 26).

Des grandes marques à petits prix !

Offrez-vous une paire de Jimmy Choo ou une tenue Gucci à moitié prix dans l'un des nombreux stocks de Milan. Jusqu'à 70% de réduction sont offerts sur les invendus, les échantillons et les articles présentant un léger défaut. Voici quelques-unes des meilleures adresses :

- **Basement** (3, F2 ; ☎ 02 763 17 913 ; Via Senato 15 ; métro S Babila) : Gucci, YSL, D&G, Fendi, Prada, Moschino, Jean-Paul Gaultier et Comme des garçons.
- **Matia's** (2, C3 ; ☎ 02 626 94 535 ; Piazza Mirabello) : Cavalli, Jill Sander, Polo Ralph Lauren, Calvin Klein et Blumarine.
- **Studio K Fashion** (2, E4 ; ☎ 02 540 90 254 ; Viale Bianca Maria 9) : Armani, Boss, Dior, Missoni, Versace et Valentino.

pour la première fois en 1967, lorsque les mannequins défilèrent sans soutien-gorge sous leurs fines mailles. Aujourd'hui, on s'arrache les créations de Missoni. Outre des pulls, des châles et des robes sexy, sa gamme colorée comprend aujourd'hui des ponchos, des bikinis et des serviettes de plage.
☎ 02 760 03 555
✉ Via Sant'Andrea 2
Ⓜ S Babila

Gio Moretti (3, F3)
Une institution qui propose les dernières collections des griffes internationales comme Jean-Paul Gaultier, et les créations avant-gardistes de talents italiens prometteurs. La vaste boutique offre aussi des livres, des CD, des objets de décoration intérieure et des fleurs.
☎ 02 760 021 720
✉ Via della Spiga 4
Ⓜ S Babila

Moschino (3, E2)
L'ironie est la marque de fabrique de Franco Moschino (1950-1994), enfant terrible de Milan, ex-étudiant de l'Académie de Brera. Il illustra les collections de Versace dans les années 1970 avant de lancer sa propre collection en 1984. Première à avoir intégré la fausse fourrure à ses défilés, la marque véhicule souvent des messages politiques.
☎ 02 760 04 320
✉ Via della Spiga 3

Prada (3, F3)
Cette maison débuta en 1913 en tant que boutique de vêtements en cuir. Miuccia Prada, petite-fille du fondateur, et son mari Patrizio Bertelli dirigent aujourd'hui la société, renommée pour sa maroquinerie, ses chaussures et ses vêtements faciles à porter. Miu Miu (surnom de Miuccia) est sa marque plus abordable. Un autre magasin est installé Via Monte Napoleone (3, E2 ; ☎ 02 777 17 71).
☎ 02 78 04 65
✉ Via Spiga 18
Ⓜ S Babila

TAILLES ET POINTURES

Vêtements femmes

Europe	36	38	40	42	44	46
États-Unis	6	8	10	12	14	16

Chaussures femmes

États-Unis	5	6	7	8	9	10
Europe	35	36	37	38	39	40
France	35	36	38	39	40	42

Vêtements hommes

Europe	46	48	50	52	54	56
États-Unis	35	36	37	38	39	40

Chemises hommes (col)

Europe	38	39	40	41	42	43
États-Unis	15	15½	16	16½	17	17½

Chaussures hommes

Europe	41	42	43	44½	46	47
États-Unis	7½	8½	9½	10½	11½	12½

Tailles approximatives uniquement ; essayez avant d'acheter.

Milan, le royaume de la mode

Emilio Pucci (3, E3)
Les robes, bottes et
parapluies assortis de Pucci
faisaient un tabac dans les
années 1960 et 1970. Ses
motifs kaléidoscopiques ont
récemment fait leur retour,
séduisant un public de plus
en plus large. Les tissus
Pucci ornent désormais des
sacs à main, des chapeaux
et même des fauteuils !
☎ 02 763 18 356
✉ Via Monte Napoleone
14 Ⓜ S Babila

Valentino (3, E3)
Né à Milan en 1932, Mario
Valentino s'installe à Paris à
l'adolescence puis à Rome
dans les années 1960. Depuis
l'immense succès de sa première collection en 1962, ses
tailleurs et déshabillés sexy
ravissent la haute société et
les vedettes de Hollywood.
☎ 02 760 20 285
✉ Via Monte Napo-
leone 20 Ⓜ S Babila

Versace (3, E3)
Bien qu'originaire du sud
de l'Italie, Gianni Versace a
régné sur la mode milanaise
depuis l'ouverture de sa
boutique en 1978 jusqu'à
son assassinat devant sa
villa de Miami Beach en
1997. De nombreuses
célébrités ont assisté à ses
funérailles au Duomo et
il repose désormais dans
sa villa du lac de Côme. Sa
sœur Donatella a repris les
commandes de la maison,
qui continue d'enchanter
par ses créations somptueu-
ses et extravagantes.

☎ 02 760 08 528
✉ Via Monte Napo-
leone 11 et Via San Pietro
all'Orto 10-11 Ⓜ S Babila

MODE VINTAGE ET ALTERNATIVE

Cavalli e Nastri (3, C3)
Cette boutique, considérée
comme la référence du
vintage à Milan, propose
des vêtements anciens en
parfait état, d'élégantes
chaussures, des sacs à main
et des bijoux rétros.
☎ 02 720 00 449
✉ Via Brera 2 Ⓜ Cairoli

Docks Dora (2, C2)
Ici se mêlent d'anciens
vêtements de créateurs, des
fripes insolites, des nou-
veautés à tendance rétro
et des habits farfelus que
seuls les plus courageux
osent porter !
☎ 02 290 06 950
✉ Corso Garibaldi 127
Ⓜ Moscova

Gas (2, C5)
Gas offre un vaste choix
de vêtements jeunes et
urbains, dont des jeans
délavés, des vestes et jupes
en jean, mais aussi des tee-
shirts, des baskets colorés et
des chapeaux.
☎ 02 894 27 776
✉ Corso de Porta
Ticinese 53
Ⓜ Porta Genova

Style et décontraction

Des magasins "tout en un"

En 1991, Carla Sozzani, ancienne rédactrice en chef de *Vogue*, ouvrit **Corso Como 10** (2, C2 ; ☎ 02 290 02 674 ; Corso Como 10 ; métro Garibaldi), un magasin rassemblant des œuvres d'art, des vêtements de marque (Alaia, Gaultier, Yamamoto, etc.), des cadeaux, des CD, des livres, un café, un bar et un restaurant. Elle lança ainsi une véritable mode. Le magasin **Armani Emporio** (p. 40) obéit au même concept. Parmi nos favoris, citons le récent paradis des sens d'Alessandro Sassone, entre les Vie Mauri et Soresina. Dans le paisible Habits Culti, offrez-vous des soins du corps avant d'acheter des objets pour la maison, des parfums, des fleurs ou des chocolats. Prenez ensuite un repas ou un *aperitivo* dans l'espace contemporain hyper chic du restaurant Noy et terminez en vous achetant une BMW ou une Mini Cooper ! **Noy** (2, A4 ; ☎ 02 481 10 375 ; Via Mauri 5 ; métro Conciliazione).

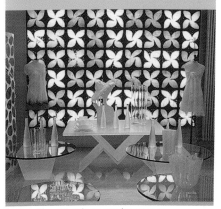

Le Corso Como 10, ou le concept du tout en un

Purple (2, C5)
Cette boutique branchée vend des vêtements de jeunes stylistes alternatifs. Souvent d'aspect rétro ou fabriqués à l'aide de tissus recyclés, certains ont été créés en exclusivité pour Purple. Quelques noms à retenir : Donnafulana, Made in Paradise, Traffic People, Super Lucky People et Alla Liberson.
☎ 02 894 24 476
✉ **Corso di Porta Ticinese 22**
Ⓜ **Porta Genova**

Target (2, C5)
L'originalité domine ici : babouches marocaines, sacs imprimés kitsch, tongs hawaïennes et bikinis colorés. On trouve aussi des classiques, comme des chaussures Le Coq Sportif, des chapeaux Von Dutch, des jeans délavés et des tee-shirts Miss Sixty.
☎ 02 869 17 425
✉ **Corso di Porta Ticinese 1**
Ⓜ **Duomo**

Zap! (3, E4)
De jeunes créateurs au succès naissant côtoient des noms plus établis et quelques marques grand public à la mode – un peu comme si l'on regroupait Farhad Rahbarzadeh, Stella McCartney et Kookai sur un même portant. Ajoutez à cela les derniers téléphones portables, CD et magazines.
☎ 02 760 67 501
✉ **Galleria Passarell 2**
Ⓜ **S Babila**

LINGERIE
La Perla (3, E4)
La lingerie la plus sophistiquée et la plus sexy au monde, faite de fines dentelles, de soie sensuelle et de tissus si délicats qu'ils vous glissent entre les doigts.
☎ 02 760 00 460
✉ **Via Monte Napoleone 1**
Ⓜ **S Babila**

La mode dans tous ses états

BIJOUX ET ACCESSOIRES

5 Par (2, C5)
La crème des chaussures Adidas, Le Coq Sportif, Onitsuka Line, Munich et Nike, artistiquement disposées sur une fausse pelouse.
☎ 02 581 03 812
✉ Via Pio IV 1 dans le Corso di Porta Ticinese
Ⓜ S Ambrogio

Alan Journo (3, E2)
Spécialisée dans les sacs kitsch et colorés, cette boutique vend aussi des chapeaux, des chaussures et des parapluies excentriques. Ses mots d'ordre : originalité et qualité.
☎ 02 760 01 309
✉ Via della Spiga 36
Ⓜ Montenapoleone

Controtempo (2, C5)
Vous trouverez ici un immense choix de sacs à main, portefeuilles, porte-monnaie, foulards, ceintures et bijoux. On adore les sacs en daim style patchwork des années 1970 !
☎ 02 894 03 030
✉ Corso di Porta Ticinese
Ⓜ Duomo

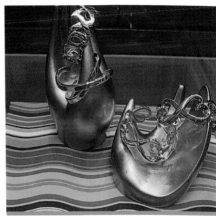
Bijoux d'or et de diamants aux lignes ondulantes

Breil (3, E5)
Ce créateur italien de bijoux, montres, ceintures et maroquinerie est spécialisé dans l'argent brillant, les formes originales et les courbes douces. Ses montres et ses bijoux inspirés des années 1970 – pendentifs en dents de requin ou bracelets en forme de serpents – deviennent des accessoires contemporains branchés.
☎ 800 188 886 ✉ Corso Vittorio Emanuele II
Ⓜ Duomo

Il Laboratorio di Valentina (2, C5)
Un choix extraordinaire de bijoux de styles variés. En argent, contemporains, ethniques ou orientaux, il y en a pour tous les goûts.
☎ 02 581 04 442
✉ Corso di Porta Ticinese 69 Ⓜ Duomo

Modistes milanais

Au XVIᵉ siècle, Milan était le premier fabricant européen de rubans, de gants, de bonnets et de chapeaux de paille, d'où le nom de "modistes" que l'on attribua aux merciers milanais qui proposaient ces articles. Aujourd'hui, de beaux panamas sont en vente chez **Borsalino** (3, D4 ; ☎ 02 890 15 436 ; Galleria Vittorio Emanuele II 92), d'élégants chapeaux de femmes chez **Malo** (3, F3 ; ☎ 02 7601 6109 ; Via della Spiga 7 ; métro Montenapoleone), et de magnifiques gants en cuir et daim de couleurs très variées chez **Sermoneta** (3, E2 ; ☎ 02 763 18 303 ; Via della Spiga 46 ; métro Montenapoleone).

DESIGN ET INTÉRIEUR

Alessi (3, E4)
Grand nom du design italien contemporain, Alessi crée du beau pour la maison, transformant des objets tels que des brosses pour toilette en merveilleux accessoires. Outre le porte cure-dents Magic Bunny, vous y trouverez des créations plus emblématiques, comme la cafetière ou le presse-agrumes Alessi.

Le design envahit toutes les pièces de la maison

☎ 02 79 57 26
✉ Corso Matteotti 9
Ⓜ San Babila

Da Driade (3, D2)
Cette demeure néoclassique ornée de fresques contient un large éventail d'articles de décoration intérieure de grande qualité, produits par les plus grands designers d'aujourd'hui. L'espace accueille également des inaugurations, des conférences et des expositions sur l'architecture et le design.
☎ 02 760 20 359
✉ Via Alessandro Manzoni Ⓜ Montenapoleone

Kartell (3, E1)
L'une des créations les plus mémorables des années 1990 est l'étagère "Bookworm" de Ron Arad. Réalisée en 1994 par le pionnier milanais de la fabrication plastique, Kartell, fondé en 1949. Cet article et bien d'autres sont en vente dans le vaste magasin phare de la société.
☎ 02 659 79 16
✉ Via Carlo Porta 1
Ⓜ Turati

Momo Design (3, F4)
Casques de moto, montres, lunettes de soleil, lampes de poche, porte-clés, porte-monnaie, gants et autres accessoires destinés aux fans de motos dans le vent.
☎ 02 760 16 168
✉ Galleria San Babila 4A
Ⓜ S Babila

SAG '80 (2, B4)
Si vous n'avez de temps que pour une seule boutique de design, choisissez celle-ci. Vous y verrez des produits de toutes les grandes griffes : Artemide, B&B Italia, Boffi, Cappellini, Dada, Driade, Flos, Knoll, Matteograssi, Minotti, Vitra et Zanotta.
☎ 02 481 53 80 ✉ Via Boccaccio 4, Ⓜ Cadorna

PRODUITS ORIGINAUX, ETHNIQUES ET KITSCH

Kurashi Global Style (3, A4)
Les produits occidentaux sont omniprésents à Milan, mais cette boutique est la meilleure du lot. Vous y trouverez des sandales en bois, des éventails, des lampes, des vases, des bougies et une superbe collection de vêtements noirs, rouges et blancs – très zen.
☎ 02 890 95 264 ✉ Via Santa Maria alla Porta 11 Ⓜ Cordusio

La Compagnia dell'Oriente (3, B5)
Antiquités exotiques, objets bizarres et importations d'Asie du Sud-Est, dont des affiches publicitaires de Hong Kong, des bijoux faits main, des verres à thé kitsch et des pantoufles en soie.
☎ 02 890 13 087
✉ Via S Marta 10
Ⓜ Cordusio

Luisa Cevese Riedizioni (3, B6)
Des morceaux de tissus et des fils colorés enfermés dans du plastique transparent font des sacs à main, des porte-monnaie, des chaussures, des vêtements et des coussins et autres objets originaux. Tous sont fabriqués à partir de déchets industriels !
☎ 02 869 97 099 ✉ Via San Maurilio 7 Ⓜ Duomo

Moroni Gomma (3, E4)
Panamas, radios Tivoli, ventilateurs Majestic et vélos Knonan : tels sont quelques-uns des classiques de haute qualité proposés ici. Parmi les objets plus singuliers, citons les créatures marines Globus, les nains de jardin et les dessous de verre avec recette du cocktail *mojito* incorporée.
☎ 02 79 62 20 ✉ Corso Matteotti 14 Ⓜ S Babila

LIVRES ET MUSIQUE

Alzalai (2, C5)
Cette fascinante librairie, spécialiste du monde non occidental, offre un vaste choix de livres sur la culture, le voyage, la littérature, la sociologie, la philosophie, l'histoire, la politique, la photographie et l'art, essentiellement en italien, mais aussi dans d'autres langues.
☎ 02 581 01 310
✉ Corso di Porta Ticinese 46 Ⓜ Duomo

FNAC (3, B6)
La filiale milanaise de la FNAC offre une excellente sélection de CD, DVD, livres et guides de voyages, ainsi que les derniers équipements high-tech, dont des appareils photo numériques, des lecteurs MP3 et des ordinateurs Apple. Ouvert le dimanche.
☎ 02 720 03 354
✉ angle Via della Palla 2 et Via Torino Ⓜ Duomo

La Scala Bookstore (3, C4)
Sise à côté de la Scala, dans le bâtiment Marino alla Scala de Trussardi, cette librairie vend des enregistrements de grands sopranos et de ténors qui ont chanté dans le mythique opéra milanais, des livrets d'opéra et des affiches. Elle propose aussi un service de recherche d'enregistrements rares.
☎ 02 869 22 60
🖥 www.lascalabookstore.com ✉ Piazza della Scala 5 Ⓜ Duomo

✗ Messaggerie Musicali (3, E4)
Boutique indépendante offrant un choix inégalé : CD et DVD au sous-sol ; romans, guides de voyages et littérature italienne au 2e ; cartes et guides au 1er ;

Lectures à l'italienne
Le recueil *Il Canzoniere,* de Pétrarque (1304-1374), rassemble ses plus beaux poèmes. Bien que le sujet central soit l'amour qu'il voue en vain à une jeune fille, toute la gamme des sentiments, du chagrin à la joie, est exprimé avec un lyrisme jusque-là inégalé.

Alessandro Manzoni est né à Milan (1785-1873). Son roman historique *Les Fiancés* (*I Promessi Sposi*) lui assura une place majeure dans la littérature italienne. L'intrigue, qui se déroule en Lombardie entre 1628 et 1630, conte l'histoire de deux jeunes gens pris dans les tourments de leur époque.

Il Nome della Rosa (Le Nom de la rose), de l'écrivain et sémiologue Umberto Eco, est un roman policier médiéval où tout le savoir médiéviste d'Eco s'investit dans une enquête criminelle au sein d'une abbaye dans l'Italie du début du XIVe siècle.

presse internationale au rez-de-chaussée. Sans oublier un bar et un café !
☎ 02 760 55 404
✉ Galleria del Corso 2, Corso Vittorio Emanuele II Ⓜ Duomo

✗ RicordiMediaStores (3, D4)
Si vous ne trouvez pas ce que vous cherchez chez Messaggerie Musicali, ce gigantesque magasin possède un choix tout aussi étourdissant.
☎ 02 864 60 272
✉ Galleria Vittorio Emanuele II Ⓜ Duomo

Rizzoli (3, D4)
Une bonne sélection d'œuvres traduites d'écrivains italiens, de littérature de voyage, d'ouvrages d'histoire, de romans ainsi que de journaux et de magazines étrangers.
☎ 02 864 61 071
✉ Galleria Vittorio Emanuele II Ⓜ Duomo

Le choix étourdissant du RicordiMediaStores

GASTRONOMIE ET BOISSON

Drogheria Parini (3, D3)
Dans une cave de brique rouge, cette charmante boutique vend depuis 1913 du vin, de l'huile d'olive, des confitures, du café, des biscuits, des Torrini Baci (chocolats enveloppés dans un message d'amour secret) et autres gourmandises.
☎ 02 760 02 303
✉ Via Monte Napoleone 22 Ⓜ Montenapoleone

Enoteca Cotti (2, C2)
Cette ancienne boutique de vins, véritable institution milanaise, contient une demi-douzaine de salles renfermant des milliers de bouteilles de vins, liqueurs et spiritueux.
☎ 02 290 01 096
✉ Via Solferino 42
Ⓜ Moscova

Garbagnati (3, C5)
Cette boulangerie très fréquentée prépare depuis 1937 de la focaccia, du pain, des biscuits, des pâtisseries, des confitures et des confiseries. Découvrez les savoureux produits disséminés dans la boutique tout

Champs de chocolats et de pralines chez Peck

en dégustant de délicieuses pâtes et un verre de vin.
☎ 02 864 60 672 ✉ Victor Hugo 3 Ⓜ Duomo

Giovanni Galli (3, C5)
La référence en matière de *"marroni canditi, fondenti"* : marrons glacés, confiseries en forme de fruits, pâte d'amande, amaretti, pralines, chocolats et biscuits.
☎ 02 864 64 833 ✉ Victor Hugo 2 Ⓜ Duomo

Peck (3, C5)
Fondée en 1883, cette boutique gastronomique

– réputée depuis 1920 pour ses succulents raviolis faits maison – compte parmi les meilleures d'Europe. Elle propose d'innombrables délices culinaires, dont les 3 000 variétés de *parmigiano reggiano* (parmesan) et une impressionnante cave à vins. Si vous en avez l'eau à la bouche, allez déjeuner à l'Italian Bar (p. 52) ou dîner au Cracco-Peck (p. 51).
☎ 02 802 31 61
✉ Via Spadari 9
Ⓜ Duomo

Des marchés à profusion
Les abords des canaux et les rues pavées de Milan regorgent de marchés :
- **Mercato Comunale** (2, C6 ; Piazza XXIV Maggio ; 🕐 8h30-19h30 lun-sam). Marché couvert de fruits et légumes au bord de la Darsena.
- **Alzaia Naviglio Grande** (2, B6 ; Ripa di Porta Ticinese ; 🕐 dernier dim du mois). Immense marché d'antiquités et d'objets d'occasion dans la Ripa di Porta Ticinese.
- **Via Fiori Chiari** (3, B2 ; 🕐 3e sam du mois). Marché d'antiquités en plein air.
- **Viale Papiniano** (2, B5 ; 🕐 mar et sam matin). Marché alimentaire, vêtements, chaussures, objets pour la maison et plantes.
- **Viale Gabriele d'Annunzio** (2, B5 ; 🕐 sam). Marché aux puces.

POUR LES ENFANTS

Baby Motta (2, A4)
Le Guignol, Sophie Petit et Mariella Ferrari vendent ici de beaux vêtements, des accessoires imaginatifs et des peluches classiques pour les bébés et les enfants de tous âges. On y trouve aussi d'anciens berceaux et des landaus. Les tenues de clown, brodées à la main sur place, sont très mignonnes !
☎ 02 498 63 94
✉ **Largo Settimio Severo, 6/2 di Corso Vercelli** Ⓜ **Conciliazione**

Citta del Sole (3, B5)
Cette boutique de jouets ravira petits et grands avec ses jouets à l'ancienne : marionnettes, jeux de société, puzzles, kits de modèles réduits, livres d'activité, frisbees et objets de collection comme des robots

et des vaisseaux spatiaux en fer blanc. Des cadeaux parfaits pour occuper les enfants en voyage.
☎ 02 864 61 683 ✉ **Via Orefici 13** Ⓜ **Cordusio**

**I Pinco Pallini
(3, E2)** Lorsque vous aurez

vu les jolies tenues portées par les petits mannequins défilant sur les écrans de cette boutique, vous craquerez pour ces vêtements coûteux mais adorables.
☎ 02 78 19 31
✉ **Via della Spiga 42**
Ⓜ **Montenapoleone**

> ## Saveurs intimes
> Dans les années 1960, Giorgio Armani concevait les vitrines de La Rinascente, principal grand magasin milanais. De la même façon que les Italiens préfèrent les marchés locaux aux hypermarchés, les Milanais préfèrent les petites boutiques spécialisées. C'est pourquoi, même les grands magasins – avec leurs plafonds bas, lumières tamisées et produits haut de gamme – véhiculent un sentiment d'exclusivité et d'intimité. Au nord de la Piazza del Duomo, **La Rinascente** (3, D5 ; ☎ 02 87 56 53) ouvre de 9h à 22h du lundi au samedi, et de 10h à 20h le dimanche. Plus abordable, **COIN** (2, E4 ; ☎ 02 551 92 083), sur la Piazza Cinque Giornate, ouvre à peu près aux mêmes heures.

BOUTIQUES SPÉCIALISÉES

Acqua di Parma (3, E3)
Le parfum préféré des Milanais depuis les années 1930 n'existait d'abord qu'en version masculine. S'ajoute désormais son homologue féminin, Profumo, ainsi que d'autres produits pour le corps.
☎ 02 760 23 307
✉ **Via Gesu 3**
Ⓜ **Montenapoleone**

Fabriano (3, E3)
Cette élégante boutique vend depuis 1872 du papier fait main, des agendas avec reliure en cuir, des carnets de note, des carnets d'adresses, des calendriers, des porte-cartes et des tapis de souris.

☎ 02 763 18 754 ✉ **Via Pietro Verri 3** Ⓜ **S Babila**

Ippogrifo (3, B5)
L'endroit idéal pour dénicher des objets anciens pouvant tenir dans une valise. On peut y acheter de superbes verres et vases colorés, des estampes et des tableaux, des ventilateurs décoratifs et de beaux tissus de différentes périodes.
☎ 02 722 20 10
✉ **Via San Maurilio 18**
Ⓜ **Duomo**

Limoni (3, E5)
Vous trouverez ici tout ce qui touche à la beauté : une immense gamme de

cosmétiques et de parfums pour hommes et femmes, notamment des marques comme Aveda et Masayume.
☎ 02 78 37 85
✉ **Galleria del Corso 4, sur le Corso Vittorio Emanuele II** Ⓜ **Duomo**

Papier (3, B6)
Cette boutique offre un large choix de papiers texturés faits main, dont du papier renfermant des pétales de fleurs. On y trouve des boîtes à cadeaux, des cadres pour photos en coquillage et perles et des pantoufles japonaises.
☎ 02 86 52 21 ✉ **Via San Maurilio, par Via Torino** Ⓜ **Duomo**

Où se restaurer

À Milan comme partout en Italie, manger est un véritable plaisir. On est rarement déçu et, bien souvent, même une modeste *osteria* (auberge servant du vin et de la nourriture) parvient à enchanter vos papilles. L'un des grands avantages de Milan est que l'on peut choisir en fonction de ses envies. Pizza, pâtes fraîches, plats locaux rustiques, repas gastronomique : vous trouverez toujours de quoi vous satisfaire.

La meilleure façon de découvrir la scène culinaire de Milan consiste à adopter les habitudes de ses habitants. Pour *la colazione* (petit déjeuner), on prend un café au bar, parfois accompagné d'un *cornetto* (croissant). *Le pranzo* (déjeuner) se compose généralement d'au moins deux plats, obligatoirement suivis d'un *caffé espresso* ou d'un *caffé macchiato* (café avec un nuage de lait) afin de tenir tout l'après-midi. Pour *la cena* (dîner), tout dépend des personnes avec lesquelles vous sortez : en famille, optez pour un bon *ristorante* traditionnel ou une *trattoria* ; entre amis, prenez un *aperitivo* (voir l'encadré p. 62), suivi d'une pizza ou d'un plat de pâtes.

Il conto (l'addition)

Les symboles de prix de ce chapitre indiquent le coût d'un repas de 2 plats pour 1 personne, boissons non comprises. La taxe pour le couvert, généralement entre 2 et 5 €/pers, inclut le pain. Elle n'est toutefois pas comprise dans les prix. Vérifiez toujours votre addition pour vous assurer que c'est bien la vôtre et non celle de la table voisine, et qu'aucun supplément ni plat n'a été ajouté par mégarde.

€	jusqu'à 15 €	€€€	26-50 €
€€	16-25 €	€€€€	plus de 50 €

À l'heure de l'*aperitivo*

DUOMO ET CENTRE

Antico Ristorante Boeucc (3, D3) €€€
Ristorante
Apprécié de longue date, l'élégant Boeucc sert des classiques comme le risotto et l'osso buco dans les étables transformées d'un *palazzo* du XVIIIᵉ siècle. D'aucuns diront que la carte date un peu, mais la foule qui s'y presse en semaine pour le déjeuner et ceux qui veulent un *vrai* dîner milanais repartent satisfaits.
☎ 02 760 20 224
✉ Piazza Belgioioso 2
🕐 fermé lun midi, dim et août
Ⓜ Duomo ou San Babila

✗ Armani/Nobu (3, D2) €€€€
Japonais
Fruit de l'association entre Armani, ténor de la mode, et Nobu, grand nom de la gastronomie, ce restaurant chic situé à l'intérieur du magasin phare d'Armani aurait pu être grandiose. Il n'a toutefois rien d'exceptionnel. Tous les ingrédients y sont – la célèbre cuisine japonaise "fusion" et le style Armani – mais la sauce ne monte pas. Prenez plutôt un verre et des sushis au bar du rez-de-chaussée.
☎ 02 623 12 645
✉ Via Pisoni 1 🕐 fermé lun midi, dim et août
Ⓜ Monte Napoleone

Bistrot Duomo (3, D4) €€€
Contemporain
L'attention des convives est-elle davantage retenue par la carte contemporaine raffinée ou par la vue

Cuisine milanaise
Milan et la Lombardie ont une tradition culinaire forte. Maïs et riz étant cultivés sur place, la polenta (préparation à base de farine de maïs) accompagne de nombreux mets et le risotto est un plat apprécié. Agrémenté de safran et d'os à moelle, il devient le *risotto alla milanese*. Autre plat roboratif, le *minestrone alla genovese* est une soupe à base de légumes, de riz, de pommes de terre, de bacon et de haricots rouges – idéal en hiver.

L'os à moelle apparaît souvent dans la cuisine milanaise. L'*osso buco* (littéralement "trou d'os"), des tranches de jarret de veau cuites avec des légumes et couvertes de *gremolata* (persil, ail et citron hachés), compte parmi les favoris. Si l'os à moelle ne vous dit rien, optez pour une *cotoletta alla milanese* (escalope de veau panée).

Parmi les *dolci* (desserts), citons la *torta di tagliatelle*, une tarte à base de pâtes aux œufs et d'amandes, et la *polenta e osei*, un petit gâteau à la confiture, nappé d'un glaçage jaune et couvert d'oiseaux en chocolat, qui imite un plat salé. La principale gourmandise milanaise est le *panettone* (littéralement "gros pain"), une brioche aux raisins secs connue dans le monde entier comme le gâteau de Noël italien.

Les pâtes se dégustent à toutes les sauces

imprenable depuis chaque table sur les flèches du Duomo ? Dans cet élégant restaurant, installé au-dessus du grand magasin La Rinascente (p. 48), c'est la vue qui l'emporte ! Ne vous méprenez pas toutefois : le choix serait bon même sans la vue.
☎ 02 87 71 20
✉ Via San Raffaele 2
🕙 fermé lun midi, dim et août Ⓜ Duomo

Caffè Cova (3, E3) €
Caffè
Fondé en 1817 par un soldat de l'armée napoléonienne, ce salon de thé distingué est établi dans Monte Napoleone depuis 1950 (l'original a été détruit pendant la Première Guerre mondiale). On peut y prendre un café au bar ou se détendre après des heures de shopping en sirotant un verre dans l'un des salons.
☎ 02 760 05 578
✉ Via Monte Napoleone 8
Ⓜ Montenapoleone

Cracco-Peck (3, C5) €€€€
Dîner chic
Avec son élégance discrète, son service impeccable et sa cuisine irréprochable, ce temple de la gastronomie mérite bien ses deux étoiles au Michelin. Très créatif, le menu de dégustation ne conviendra peut-être pas à tous les palais. Carte des vins bien fournie. Réservez à l'avance et mettez-vous sur votre trente et un.
☎ 02 87 67 74
✉ Via Victor Hugo 4
🕙 fermé dim midi, sam et août Ⓜ Duomo

Don Carlos (3, D2) €€€
Ristorante
Ce restaurant raffiné du Grand Hotel et de Milan arbore un intérieur classique, mais sa cuisine est bien plus imaginative que ne le suggère le cadre. Des recettes traditionnelles agrémentées de touches d'originalité, un excellent

Établissements et menus

Milan compte de nombreux types d'établissements de restauration. En voici un bref aperçu :

Bar Sert du café et des boissons alcoolisés

Caffè Café – n'offre généralement que le petit déjeuner mais vend parfois des *panini* (sandwiches)

Gelateria Marchand de glaces

Locanda Restaurant de cuisine locale

Osteria Littéralement "auberge" – sert du vin et de la nourriture

Pizzeria Sert des pizzas (allez uniquement dans celles qui ont un four à bois) et souvent des plats de pâtes très corrects

Trattoria Restaurant à prix moyens offrant des repas complets, généralement moins formel qu'un *ristorante*

Ristorante Le plus formel des établissements (nappes en tissu, beaux verres), mais pas forcément le meilleur

Un menu dans une *trattoria* ou un *ristorante* comporte plusieurs plats. Vous n'êtes pas obligé de prendre le menu entier – c'est très copieux ! –, mais la plupart des gens commandent au moins deux plats. Voici les différents éléments qui composent habituellement un menu :

Antipasto Entrée

Primo Premier plat principal, généralement des pâtes ou du risotto

Secondo Second plat principal, généralement de la viande ou du poisson

Contorno Légumes accompagnant généralement le secondo

Dolce Dessert

Formaggio Fromage

choix de vins et l'un des meilleurs services de la ville.
☎ 02 723 14 640
✉ Via Alessandro Manzoni 29
🕑 ouvert soir seulement, fermé août
Ⓜ Duomo

Il Salumaio di Montenapoleone (3, E3) €€
Trattoria
Situé dans une cour, ce petit restaurant animé permet de terminer agréablement une matinée de shopping. Si vous craignez les linguine au pesto et les tortellini pour votre ligne, évitez également l'excellent tiramisu !
☎ 02 760 01 123
✉ Via Monte Napoleone
🕑 fermé sam midi et dim Ⓜ S Babila

Italian Bar (3, C5) €€
Trattoria moderne
Venez ici si les délices vendus chez Peck (p. 47) vous ont mis l'eau à la bouche et que vous souhaitez les goûter dans un cadre moins formel que le Cracco-Peck (p. 51). Vers 13h, ce restaurant moderne est pris d'assaut par les gens des bureaux. La cuisine restant toutefois ouverte jusqu'à 20h, c'est l'endroit idéal pour un déjeuner tardif. La qualité est excellente, les portions généreuses et le vin délicieux.
☎ 02 869 30 17
✉ Via Cesare Cantù 3
🕑 lun-sam Ⓜ Duomo

Luini (3, D4) €
Ce fast-food, l'un des plus anciens de Milan, vend plusieurs types de *panzerotti* (chaussons en pâte à pizza fourrée) ;

essayez celui aux tomates, ail et mozzarella. Vous le reconnaîtrez aisément à la file de gens attendant de passer commande.
☎ 02 864 61 917
✉ Via Santa Radegonda 16 Ⓜ Duomo

Marino alla Scala (3, C4) €€€
Caffè et Ristorante
Au-dessus de l'excellent café du même nom, ce restaurant avec ses fauteuils en cuir rouge et son ambiance décontractée mais raffinée ressemble à une version postmoderne d'un club de gentlemen. La cuisine est à la hauteur du décor : citons ses succulentes entrées et, surtout, ses spécialités comme le risotto grillé. Très bons vins servis au verre.
☎ 02 806 88 201
✉ Piazza della Scala 5
🕑 fermé sam midi et dim Ⓜ Duomo

Trattoria Bagutta (3, F3) €€€
Trattoria
Tapissée de tableaux divers et variés, cette vaste *trattoria* des

années 1920 s'avère très confortable. L'arrière-salle et le jardin (s'il fait beau) sont exceptionnels mais éloignés de l'excellent bar à antipasti. Un lieu parfait pour goûter des plats de viande comme le savoureux *osso buco con funghi* (aux champignons).
☎ 02 760 02 767
✉ Via Bagutta 14-16
🕑 lun-sam
Ⓜ S Babila

Victoria Caffè (3, B4) €
Caffè
Très populaire durant la journée, ce café richement décoré devient le lieu de rendez-vous des financiers de la ville après les heures de bureau. Venez prendre un *espresso* dans l'après-midi, puis revenez plus tard pour déguster des cocktails et des amuse-bouche pendant l'*aperitivo*.
☎ 02 805 35 98
✉ Via Clerici 1
Ⓜ Cordusio ou Duomo

Viel (2, E2) €
Gelateria
Glaces, sorbets et *frullati di frutta* (fruits frais mixés)

L'heure de l'*espresso* au Victoria Caffe

Cuisine milanaise rustique à L'Altra Pharmacia

composent le menu de cette chaîne de *gelaterie* réputée depuis les années 1940. Un immense choix de parfums et des fruits à profusion : idéal en été.
☎ 02 295 16 123
✉ **Corso Buenos Aires 15**
Ⓜ **Lima**

Zucca in Galleria
(3, D5) €€
Caffè
Au bout de la Galleria Vittorio Emanuele II, le plus ancien café de Milan donne sur la Piazza del Duomo. Les touristes s'assoient pour observer les passants, tandis que les Milanais restent

accoudés au bar et avalent leur *espresso* ne remarquant presque plus le merveilleux décor de mosaïque de 1867. Un must pour découvrir la vie milanaise.
☎ 02 864 64 435
✉ **Galleria Vittorio Emanuele II 21**
Ⓜ **Duomo**

NORD

Artidoro (3, A4) €€
Osteria
Dans cette *osteria* longtemps tenue secrète, abonde aujourd'hui une clientèle locale dégustant à la lueur des bougies de succulents plateaux de fromage, de sublimes salamis et des spécialités milanaises cuites à la perfection. Goûtez les traditionnelles *cotolette alla milanese* et les excellents vins servis au verre. Réservez à l'avance pour être placé dans la salle principale.
☎ 02 805 73 86
✉ **Via Camperio 15**

☺ lun-sam
Ⓜ **Cairoli**

Il Coriandolo (3, C3) €€€
Ristorante
Élégant et traditionnel, doté d'un service impeccable et d'une bonne carte des vins. Citons les savoureux plats de fruits de mer (les spaghettis notamment) et le délicieux *risotto alla vecchia maniera milanese*. Réservez pour le dîner, car c'est une adresse très appréciée.
☎ 02 869 32 73
✉ **Via dell'Orso 1**
Ⓜ **Duomo**

La Terrazza di Via Palestro
(3, F1) €€€
Ristorante
Vers la Stazione Centrale, tout en haut de l'immeuble Centro Svizzera, ce *ristorante* moderne propose une cuisine innovante. Sa terrasse jouit d'une belle vue sur les jardins publics. Il est célèbre pour avoir inventé le "sushi italien" – à découvrir.
☎ 02 760 01 186
✉ **Via Palestro 8**
☺ lun-ven
Ⓜ **Palestro**

Les meilleurs restaurants de Milan

Cracco-Peck (p. 51) – de loin la meilleure adresse pour les amateurs de haute gastronomie

Marino alla Scala (p. 52) – un restaurant haut de gamme où l'on invite ses clients, pour montrer que l'on sait allier style et sens des affaires

Bistrot Duomo (p. 50-1) – un restaurant raffiné qui offre une vue extraordinaire sur le superbe Duomo de Milan

Pizza OK (p. 56) – la meilleure pizza de Milan : de croustillants délices que vous n'oublierez pas

Pour les amateurs de fruits de mer : poissons, coquillages et crustacés

L'Altra Pharmacia (2, B2)   €€
Enoteca/Osteria

Enclave italienne au milieu d'un mini-Chinatown, ce restaurant simple et confortable doit sa réputation à sa bonne cuisine familiale et à son immense choix de vins, dont certains peuvent être testés lors de dégustations. Vous savourerez l'extraordinaire *risotto milanese* ou les immenses assiettes de melon et prosciutto sous les reproductions d'œuvres de Tamara de Lempika. Complément idéal d'un *aperitivo* sur le Corso Sempione (p. 57-8).
☎ 02 345 1300 ✉ Via Rosmini 3 Ⓜ Moscova

Nabucco (3, B2)   €€€
Ristorante

La meilleure table dans la charmante Via Fiori Chiari. Légère et raffinée, la cuisine traditionnelle comporte toujours une petite touche d'originalité. Le personnel pourra aisément piocher dans l'intéressante carte

des vins pour trouver le plus adapté. La terrasse affiche souvent complet en été. Si vous tenez à manger *al fresco* (en plein air), optez pour l'Orient Express (☎ 02 805 62 27), voisin.
☎ 02 86 06 63
✉ Via Fiori Chiari 10
Ⓜ Montenapoleone ou Cairoli

Pattini & Marinoni (3, C1)   €
Cette boutique vend de délicieux pains, gâteaux et parts de pizzas (1,55 €). Ce magasin de Brera attire les employés des bureaux alentour qui mangent debout des pâtes servies dans des assiettes en carton.
✉ Via Solferino 5
Ⓜ Lanza
🕐 7h-20h lun-sam

Pizzeria Spontini (2, F2)   €
Pizzeria

Cette petite pizzeria animée propose depuis 1953 l'une des meilleures pizzas du

quartier de la Stazione Centrale – voire de toute la ville. Comme toutes les bonnes pizzerias, elle mise sur la fraîcheur des ingrédients et une cuisson dans le traditionnel four à bois.
☎ 02 204 74 44
✉ Via Gaspare Spontini
🕐 mar-dim
Ⓜ Centrale FS

Solferino 35 (2, C2)   €€
Ristorante

Dans ce restaurant intime, le chef se déplace parmi les tables pour s'assurer que tout se passe bien. Il n'a pourtant guère de soucis à se faire : le menu proposé est alléchant et les vins bien assortis. L'assiette d'entrées (2 personnes minimum) constitue une excellente mise en bouche, et les plats de poisson et de viande (cuits au feu de bois) sont exemplaires.
☎ 02 290 03 345
✉ Via Solferino 35
🕐 fermé sam midi et dim Ⓜ Moscova

SUD

Caffè della Pusteria (2, B5)   €
Café
Avec son décor à l'ancienne, style jazz, et sa terrasse surmontée de plantes grimpantes, ce café un peu en retrait parvient à séduire une clientèle jeune et branchée. Parfait à toute heure, il sert de bons sandwichs et des pâtes. Idéal pour siroter une bière dans l'après-midi.
☎ 02 894 02 146
✉ Via Edmondo de Amicis 22 Ⓜ S Ambrogio

Cantina Della Vetra (2, C5)   €
Enoteca con cucina
Ce bar à vins sans prétentions attire une clientèle fidèle grâce à ses délicieux plats simplement présentés tels que *gnocco fritto* (gnocchi frits). Le carpaccio est exceptionnel et les vins servis au verre se marient parfaitement avec la nourriture.
☎ 02 894 03 843
✉ Papa Pio IV
☾ fermé sam midi
Ⓜ Porta Genova

Le Vigne (2, B6)   €
Osteria
Rustique et souvent bruyante, cette *osteria* offre un délicieux menu et des vins corrects. Les plats de base, comme une simple *bruschetta* (pain frotté à l'ail, recouvert d'ingrédients variés), sont copieux et les pâtes maison avec saucisse conviennent parfaitement en hiver.
☎ 02 837 56 17 ✉ Ripa di Porta Ticinese 61
☾ lun-sam
Ⓜ Porta Genova

Officina 12 (2, B6)   €€
Ristorante
De l'extérieur, ce restaurant ne se distingue guère des autres établissements bordant le canal. Mais à l'intérieur, c'est un immense et élégant espace de plusieurs étages. L'atmosphère animée, le fond sonore jazz et le *forno a legna* (four à bois) ravient les convives. Les pizzas sont un délice – amateurs de truffe, optez pour la *tartufata* !
☎ 02 894 22 261
✉ Alzaia Naviglio Grande 12 ☾ fermé lun, sam-mar midi
Ⓜ Porta Genova

Pizzeria Naturale (2, B5)   €
Pizzeria
Le four à bois joue un rôle central dans cette pizzeria très fréquentée, réputée pour ses pizzas au blé complet et sans gluten. Quelques tables installées en terrasse permettent d'observer les passants se dirigeant vers les bars à *aperitivo* de Navigli.
☎ 02 839 57 10
✉ Via Edmondo de Amicis 24 Ⓜ Porta Genova

Pizzeria Traditionale (2, B6)   €€
Pizzeria/Trattoria
Des pizzas immenses et bien gonflées (à la napolitaine) et des fruits de mer, tels le *fritto misto* (fruits de mer frits), très prisés des Milanais. Ceux-ci savent d'ailleurs qu'il faut arriver tôt ou s'inscrire sur la liste pour éviter l'attente. Une annexe se trouve dans une rue à gauche de Pizza Naturale.
☎ 02 839 51 33
✉ Ripa di Porta Ticinese 7
Ⓜ Porta Genova

Rinomata Gelateria (2, B6)   €
Gelateria
Facile à repérer en été en raison des foules qui se pressent autour, cette *gelateria* utilise d'anciennes méthodes pour fabriquer ses délices glacés. Les jolis porte-cornets du comptoir sont presque aussi originaux que les parfums proposés. Essayez la crème caramel.
☎ 02 581 13 877
✉ angle Ripa di Porta Ticinese et Viale Glorizia
Ⓜ Porta Genova

Découvrez la Lombardie à travers ses vins

EST

Da Giacomo (2, E4) €€€
Trattoria
Dans un quartier modeste, la Da Giacomo dégage un certain charme avec ses fleurs, ses nappes en lin et sa porcelaine personnalisée. Les fruits de mer sont ici à l'honneur – choisissez le calmar aux pommes de terre, puis les *gnocchetti* aux crevettes. Le personnel est accueillant et le chariot de desserts alléchant.
☎ 02 760 23 313
✉ Via Sottocorno 6
🕐 fermé lun, mar midi
Ⓜ S Babila

Da Giannino L'Angolo d'Abruzzo (2, E3) €€
Ristorante
Des habitués viennent ici depuis plus de 40 ans, preuve de la qualité de la cuisine. À quelques pas du centre historique et d'une station de métro, ce restaurant familial est spécialisé dans les plats de l'Abruzzo, région du centre de l'Italie.
☎ 02 294 06 526
✉ Via Rosolino Pilo 20
🕐 mar-dim
Ⓜ Porta Venezia

Joia (2, E2) €€€
Végétarien/fruits de mer
Le Joia est souvent considéré comme un restaurant végétarien, mais ce n'est pas tout à fait correct. Il propose en effet des plats de fruits de mer, tout aussi inventifs que ses recettes végétariennes. Une adresse à la hauteur de sa réputation.
☎ 02 295 22 124
✉ Via Panfilo Castaldi 18
🕐 fermé dim, sam midi
Ⓜ Porta Venezia Ⓥ

Pizza OK (2, E3) €
Pizzeria
L'une des pizzerias préférées des Milanais. Ce n'est pas l'endroit rêvé pour un dîner romantique, mais vous risquez de tomber amoureux de ses pâtes fines et croustillantes.
☎ 02 294 01 272 ✉ Via Lambro 15 🕐 lun-sam
Ⓜ Porta Venezia

Fruits de mer et plats végétariens inventifs chez Joia

OUEST

Baci & Abbracci (2, B5) €€€
Pizzeria/Restaurant
Un décor tendance accueille les clients de cette pizzeria, qui sert aussi d'autres plats. On se presse dans une ambiance tamisée, éclairée de bougies – arrivez tôt pour obtenir une table ! Ingrédients de qualité, clientèle branchée et musique agréable, bref, un très bon choix dans ce quartier.
☎ 02 890 13 605 ✉ Via Edmondo De Amicis 44
Ⓜ S Ambrogio

Boccondivino (2, B4) €€€
Osteria
C'est un véritable voyage gastronomique à travers l'Italie que l'on vous propose ici : 40 fromages, des dizaines de viandes fumées et séchées, des centaines de vins et des pâtes. L'endroit est apprécié des Milanais pour un dîner à plusieurs.
☎ 02 86 60 40
✉ Via Giosué Carducci 17
🕐 lun-sam
Ⓜ S Ambrogio

Caffè Litta (2, B4) €
Caffè
Café et en-cas figurent au menu de ce superbe vieux café. Installez-vous dans l'élégant intérieur ou sur les chaises en rotin de la terrasse pour observer la circulation du Corso Magenta.
☎ 02 805 7596
✉ Corso Magenta 25
Ⓜ Cairoli

Marchesi (3, A4) €
Caffè
Ce célèbre café réputé pour ses cafés et ses gâteaux, existe depuis 1824. Sur ses vitrines en bois sont présentés d'appétissants jeux d'échecs en chocolat. Les Milanais y viennent pour le café et les touristes, plutôt pour ses vitrines kitsch.
☎ 02 87 67 30
✉ Via S M alla Porta 11a
Ⓜ Cairoli et Piazza Cordusio

DANS LES ENVIRONS

Il Luogo di Aimo e Nadia (2, A4) €€€€
Dîner chic
L'art moderne ornant cette institution culinaire ne peut rivaliser avec la créativité de la cuisine. Le service est impeccable et l'immense carte des vins bien adaptée aux mets. La carte change régulièrement, mais les pâtes fraîches restent une valeur sûre. Pour le dîner, réservez bien à l'avance.
☎ 02 41 68 86
✉ Via Montecuccoli 6
🕐 fermé sam midi, dim et août Ⓜ Bande Nere

Un café de la Galleria Vittorio Emanuele II

Da Abele (2, F1) €€
Trattoria
Attrayant mais sans prétentions, ce restaurant, connu surtout pour ses nombreuses recettes de risotto, mérite le détour. Commencez, par exemple, par la délicieuse soupe aux fruits de mer, suivi du classique *risotto alla milanese*.
☎ 02 261 38 55 ✉ Via Temperanza 5 🕐 dîner uniquement, fermé lun et août Ⓜ Centrale

BARS À APERITIVO

Certes, ce sont des bars. Mais si vous avez pris un déjeuner italien classique, composé de plusieurs plats, vous ne souhaiterez peut-être pas faire un dîner complet. L'*aperitivo* est une alternative. À partir de 18h-19h et se prolongeant souvent après 21h, il peut remplacer le dîner au lieu de le précéder. Vous commandez vos boissons – généralement *spumante, prosecco, mojito* ou *caipirinhia* (vin blanc ou mousseux et cocktails cubain ou brésilien), puis vous vous munissez d'une assiette pour vous servir parmi les en-cas proposés : *bruschetta, frittata*, légumes, boulettes, kebabs, salades de pâtes, etc.

Si vous n'êtes pas rassasié, plusieurs bars mentionnés ici sont aussi des restaurants.

Avec des enfants
L'Italie est un pays très accueillant pour les enfants, et ceux-ci sont les bienvenus dans la majorité des restaurants milanais. Comme la plupart des bambins aiment les pâtes, la pizza et les glaces, il est assez simple de les contenter. Même les restaurants les plus chics ont l'habitude de les recevoir, et si la carte ne comporte rien d'approprié, ils prépareront volontiers un plat de pâtes adapté.

ATM (2, C2) Cet établissement coincé sur un îlot au milieu de la circulation était une gare ferroviaire ATM avant d'être transformé en espace chic pour les 20-30 ans.
☎ 02 655 23 65
✉ Bastoni di Porta Volta 15 Ⓜ Moscova

✗ **Bar Jamaica** (3, C1) Ce bar, l'un des plus anciens de Milan, était autrefois fréquenté par les artistes et les intellectuels de Brera. Il attire aujourd'hui une clientèle éclectique.
☎ 02 87 67 23 ✉ Via Brera 32 Ⓜ Lanza ou Montenapoleone

✗ **Bhangra Bar** (2, B3) Sirotez un verre et dégustez de délicieux amuse-bouche dans ce décor d'inspiration indienne aux allures de cocon.
☎ 02 331 00 824
✉ Piazza Sempione 1 Ⓜ Cadorna/Lanza

El Brellin (2, B6) Installé dans un ancien moulin, ce bar compte parmi les plus décontractés au bord du Naviglio Grande. Les boissons sont bonnes, mais les en-cas limités. Le restaurant du jardin sert une délicieuse cuisine.
☎ 02 581 01 351
✉ Alzaia Naviglio Grande 14 Ⓜ Porta Genova

Huggy Bear (2, B3) Si vous n'appréciez pas la musique planante diffusée dans ce bar inspiré des années 1970, dégustez votre savoureux en-cas à l'extérieur.
☎ 02 345 16 14
✉ Piazza Sempione 3 Ⓜ Cadorna/Lanza

Le Biciclette (2, B6) Boissons délicieuses, musique excellente, nourriture succulente et décor branché : un haut lieu de l'*aperitivo* !
☎ 02 839 41 77 ✉ Via Torti 1 Ⓜ Sant'Ambrogio

L'Elephante (2, E3) Un bar simplement décoré, très prisé pour l'*aperitivo*. Cocktails excellents.
☎ 02 395 18 768
✉ Via Melzo 22
Ⓜ Porta Venezia

Light (2, C2) Ce salon-bar du Corso Como, avec restaurant et DJ, est très apprécié pour l'*aperitivo*, surtout le week-end.
☎ 02 626 90 631 ✉ Via Maroncelli 8 Ⓜ Garibaldi

✗ **Living** (2, B2) Un établissement élégant où il vaut mieux se rendre tôt (avant 19h) pour dégoter une place. Le buffet figure parmi les meilleurs de la ville.
☎ 02 331 00 824
✉ Piazza Sempione 2 Ⓜ Cadorna/Lanza

Sheraton Diana Majestic (2, E3) Un élégant bar à *aperitivo* doté d'un ravissant jardin. Mais pour les en-cas, installez-vous plutôt à l'intérieur.
☎ 02 205 81
✉ Viale Piave 42 Ⓜ Porta Venezia

Shu (2, C5) Les sièges transparents et le bar éclairé par une lumière verte vous feraient presque oublier les délicieux en-cas proposés.
☎ 02 583 15 720
✉ angle Via Molino delle Armi et Via della Chiusa Ⓜ Missori

Townhouse 31 (2, E3) Dans l'hôtel du même nom (p. 71), ce bar compte parmi les plus en vogue du moment.
☎ 02 701 56 00
✉ Via C Goldoni 31 Ⓜ Palestro

L'ancienne gare ferroviaire ATM

Où sortir

Milan possède une scène sociale et culturelle fourmillante et compte certains des bars, cafés et clubs les plus branchés d'Europe.

Des dizaines de bars attendent les noctambules. Les clubs de Naviglio Pavese et Corso Como ouvrent jusqu'à 3h ou 4h, du mardi au dimanche. Des concerts de jazz, rock et pop ont lieu dans de nombreuses salles, où se produisent régulièrement des artistes de renom. Le festival latino-américain, en été, a reçu des célébrités telles que Chico Cesar et Cesaria Evora. S'y ajoutent des cinémas et des festivals cinématographiques de grande qualité.

En matière d'arts du spectacle, l'activité est intense et les productions excellentes. Tous les genres sont représentés, depuis le classique jusqu'à l'avant-garde, dans les quelque 50 théâtres de la ville. La principale saison de théâtre et de musique classique débute en octobre, mais il est possible d'assister à des concerts toute l'année dans les églises et les musées. L'attraction majeure reste la merveilleuse saison lyrique de La Scala, qui s'ouvre le 7 décembre, jour de la fête de Sant'Ambrogio.

Pour plus d'informations sur ce qui se passe à Milan, procurez-vous à l'office du tourisme les brochures mensuelles gratuites *Hello Milano* et *Milano Mese*. Vous pouvez aussi consulter les journaux, notamment le supplément du mercredi du *Corriere della Sera* (*ViviMilano*) ou celui du jeudi de *La Repubblica* (*Tutto Milano*): *Kult Pocket Mymi*, *Zero* et *2night* sont d'indispensables petits guides sur la culture, l'art et la mode, qui répertorient les dernières adresses en vogue. *Rodeo* et *Urban* sont similaires. Tous sont disponibles gratuitement dans les bars, les cafés et les boutiques.

Où acheter ses billets

Les billets pour les concerts, les pièces de théâtre et les événements sportifs peuvent s'acheter auprès de **Ticket One** (☎ 02 39 22 61, gratuit ☎ 840 05 27 20 ; www.ticketone.it), **Ticket Web** (☎ 02 760 09 131 ; www.ticketweb.it) ou **Milano Concerti** (☎ 02 487 02 726 ; www.milanoconcerti.it). **Box Tickets** (☎ 02 8470 9750 ; www.boxtickets.it) vend des billets pour les manifestations sportives au stade San Siro et pour des concerts. Vous pouvez aussi vous adresser aux *biglietterie* de la **FNAC** (☎ 02 72 08 21 ; fnac@ticketweb.it ; angle Via della Palla 2 et Via Torino ; métro Duomo), de **Messaggerie Musicali** (☎ 02 795 502 ; Galleria del Corso 20, Corso Vittorio Emanuele II ; métro Duomo) et de **Ricordi Mediastore** (☎ 02 864 60 272 ; www.ricordimediastores.it ; Galleria Vittorio Emanuele II ; métro Duomo).

De l'opéra au hip-hop – la scène milanaise se décline sur tous les tons

Fêtes et festivals

Célébrations pittoresques à caractère religieux ou historique, festivals de théâtre, de cinéma, d'opéra, de musique et de danse : les événements culturels ne manquent pas.

Toute l'année *Le Voci della Citta* – concerts d'ensembles vocaux, d'orgue ou de musique de chambre ayant lieu dans les anciennes églises de Milan, comme La Basilica di Sant'Ambrogio. Pour les dates, renseignez-vous auprès de l'office du tourisme ☎ 02 391 04 149

Janvier *Corteo dei Re Magi* – traditionnelle procession de la Nativité allant du Duomo à Sant'Eustagio

Février *Carnevale Ambrosiano* – c'est le carnaval le plus long du monde clôturé par un défilé sur la Piazza del Duomo

Mars *Milano Internazionale Antiquariato* – salon international d'antiquités se tenant pendant 4 jours à la Fiera di Milano

Avril *Salone Internazionale del Mobile* – premier salon européen du meuble attirant une foule de gens pendant 5 jours début avril ; immédiatement suivi de la grande foire Expo Food

Salon international des beaux-arts et des antiquités de Milan – la plus prestigieuse vitrine d'Italie

Mai *Mille Miglia* – célèbre course de voitures anciennes reliant Brescia, près de Milan, à Rome

Juin *Festa del Naviglio* – défilés, musique, bonne chère et spectacles animent les 10 premiers jours du mois

Festival international du film gay et lesbien de Milan – festival de 5 jours projetant des films du monde entier. Pour le programme, consultez le site www.cinemagaylesbico.com.

Milanesiana – festival de littérature, musique, cinéma – 3 semaines de culture dans toute la ville

Juin-septembre *Serate Al Museo* – concerts et ateliers de jazz, guitare classique, flamenco, violon, musique baroque et opéra proposés dans les musées de Milan (www.comune.milano.it/museiemostre/), essentiellement de juin à septembre. Brochures disponibles à l'office du tourisme

Juillet-août *Festival latino-américain* – 2 mois de musique, danse, culture, art, artisanat, costume, cuisine et cinéma d'Amérique du Sud et centrale (www.latinoamericando.it)

Septembre *Grand Prix d'Italie* – rejoignez les fans de Ferrari au circuit de Monza, dans la banlieue de Milan. Coup d'envoi de la saison de football au stade San Siro

Octobre *Festival del Teatro del Mediterraneo* – début de 3 mois de créations théâtrales innovantes des pays méditerranéens

Novembre *Festival de jazz de Milan* – excellent festival de jazz faisant swinguer toute la ville

7 décembre *Festa di Sant'Ambrogio* – célébrations en l'honneur du saint patron de Milan dans toute la ville. La Scala marque l'événement en inaugurant la saison lyrique

BARS

B4 (2, D6)
Des expositions d'art contemporain et des DJ diffusant funk, soul et hip-hop assurent le succès de ce spacieux bar au décor minimaliste, toujours bondé. Le buffet de l'*aperitivo* est excellent.
☎ 02 583 05 632
✉ angle Via Ripamonti 13 et Via Vannucci
🕐 18h-2h, fermé août
Ⓜ Porta Romana

Bar Brera (3, C2)
Cette institution milanaise n'a rien d'exceptionnel comparée aux bars branchés des environs. Néanmoins, sa situation au cœur du quartier historique de Brera lui assure un succès permanent, surtout les jours de beau temps.
☎ 02 87 70 91 ✉ Via Brera 23 🕐 7h-3h
Ⓜ Montenapoleone

Bar Magenta (2, B4)
Une autre institution milanaise animée de jour comme de nuit, et ce depuis un siècle ! Allez-y pour l'*aperitivo*, de 18h à 21h, lorsque ceux qui ne trouvent pas de table investissent la rue, mais jetez quand même un œil au splendide intérieur ancien.
☎ 02 805 38 08
✉ Via Carducci 13
🕐 8h-3h Ⓜ Cadorna

Beige (2, C2)
Feuilletez le journal avec un rafraîchissement, joignez-vous aux Milanais pour l'*aperitivo*, ou prenez un dernier verre dans ce bar branché. Cherchez

Début de soirée au Bar Brera

la porte beige dotée de 12 fenêtres rondes.
☎ 02 659 94 87
✉ Largo La Foppa 5
🕐 12h-16h et 18h-2h lun-sam Ⓜ Moscova

Boccascena Café (2, B4)
Cet excellent bar, avec décor minimaliste beige et noir, lampes chromées et candélabres, se cache à l'intérieur du Teatro Litta, ce qui en fait un lieu idéal pour se retrouver avant ou après une pièce.
☎ 02 805 58 82
✉ Teatro Litta, Corso Magenta 24 🕐 10h-tard
Ⓜ Cadorna

Cheese (2, C5)
Un bar à cocktails très fréquenté, à la terrasse généralement bondée. Si vous ne trouvez pas de place, allez à l'Yguana voisin (p. 62), tout aussi populaire.
☎ 02 894 04 195 ✉ Via Celestino 4 🕐 10h-tard mar-sam Ⓜ Missori

GG-Lounge (3, D6)
Dégustez d'authentiques *caipirinhas* et des amuse-bouche à une table bruyante en bord de rue, tout en admirant l'architec-

ture moderniste de la Torre Velasca. Plus tard, descendez dans le bar d'inspiration orientale pour écouter de la musique électronique.
☎ 02 805 30 42
✉ Via Larga 8 🕐 7h30-21h30 lun, 7h30-2h mar-dim Ⓜ Duomo

Luca & Andrea (2, B6)
Un bar accueillant et décontracté de Navigli, où vous pourrez savourer de délicieux vins italiens au verre et de succulents fromages présentés sur des planches à pain.
☎ 02 581 01 142
✉ Alzaia Naviglio Grande 34
Ⓜ Porta Genova

Luca's Bar (2, C5)
Situé sous les arcades médiévales de la Porta Ticinese, ce bar un peu grunge est le point de départ d'une tournée dans San Lorenzo Maggiore. On peut y boire à toute heure, mais plus il est tard, mieux c'est !
☎ 02 581 00 409
✉ Colonne di S Lorenzo, Corso di Porta Ticinese
🕐 7h-tard
Ⓜ Porta Genova

Le rituel de l'*aperitivo*

Bien qu'il ait lieu dans les bars de Milan, le rituel bien établi de l'*aperitivo* est plus une affaire de nourriture que de boisson. À partir de 18h et pendant plusieurs heures, les Milanais se rendent dans leurs bars favoris pour y prendre un *aperitivo*. Les établissements offrent alors des en-cas, tels que des chips, des olives, et souvent bien d'autres amuse-gueule pour accompagner votre *prosecco* (vin blanc sec), votre *mojito* ou votre *caipirinha* (cocktails cubain et brésilien très appréciés). Nous avons répertorié les meilleures adresses dans le chapitre *Où se restaurer*, p. 57-8. Comme toujours à Milan, le rituel de l'*aperitivo* n'échappe pas à la tradition du *farsi vedere* (être vu). Choisissez donc une tenue qui fasse honneur à votre cocktail préféré !

Tasca (2, C5)

Dans ce sympathique bar espagnol, vous pourrez déguster du *chorizo* ou des *albondigas* (boulettes), ou simplement siroter un verre de sangria ou de bon vin blanc. Tard le soir, il est souvent difficile d'y trouver une table.

☎ 02 832 28 99
✉ Corso di Porta Ticinese 17
🕐 mar-dim

Yguana (2, C5)

DJ, décor imitation jungle, sièges en rotin, cocktails excellents : autant de détails qui font de ce bar une adresse très en vogue. Très fréquenté tous les jours à l'*aperitivo*, il fait salle comble les vendredi et dimanche soir. Si c'est complet, allez au Cheese voisin.

☎ 02 894 04 195
✉ Via Papa Gregorio XIV 6
Ⓜ Missori

CLUBS

La Banque (3, C4)

Cette discothèque chic, la plus centrale de Milan, était jadis une banque. On débute par l'*aperitivo*, très prisé des employés des bureaux alentour, on poursuit par le dîner, puis on va danser.

☎ 02 869 96 565
✉ Via B Porrone 6
🕐 18h-2h mar-jeu, 18h-4h ven-sam, 19h-24h dim, fermé août Ⓜ Cordusio

Café L'Atlantique (2, F6)

Un club sélect de la Porta Romana, où un immense chandelier domine le bar circulaire. La plupart des soirs, des DJ réputés mixent du hip-hop, de la house et de la musique progressive pour une clientèle chic.

☎ 02 551 93 925
✉ Viale Umbria 42
🕐 21h-4h mar, mer, ven et sam, 19h30-4h jeu et dim, fermé juil et août Ⓜ Lodi

✗ Casablanca Café (2, C2)

Les palmiers et le décor colonial un peu démodé de ce club ne dissuadent pas les Milanais chic de s'y rendre en nombre pour siroter un cocktail, avant de gagner les boîtes de Corso Como.

☎ 02 626 90 186
✉ Corso Como 14
🕐 18h-2h mer-dim, fermé août Ⓜ Garibaldi

✗ Gasoline Club (2, C2)

Dans le quartier branché de Corso Como, ce petit club décontracté diffuse de tout, de la pop des années 1980 à la deep house. Le dimanche après-midi, le "tea dance" gay avec ses go-go danseurs est divertissant.

☎ 02 290 13 245
🖳 www.discogasoline.it
✉ Via Bonnet 11a
🕐 22h30-4h jeu-dim, fermé août Ⓜ Garibaldi

Adresses branchées

Le café-restaurant-bar-club de designer est très en vogue à Milan. Dolce & Gabbana possède le **Martini Bar** (3, F3 ; ☎ 02 760 11 154 ; Corso Venezia 15), Armani un café et le bar restaurant Nobu (p. 50). Cependant, rien n'est plus tendance que le prestigieux **Just Cavalli Café** (2, B3 ; ☎ 02 31 38 17), situé sous la **Torre Branca** (p. 12), dans le Parco Sempione. Si l'on vous laisse entrer, vous pourrez vous installer sous des arbres sur des sofas imitation léopard ou zèbre avec la population branchée de Milan. Notre adresse préférée reste toutefois le **Marino alla Scala Café** (p. 52) de Trussardi – plus élégant mais moins prétentieux, moins coûteux et doté d'une clientèle intéressante. Pour l'*aperitivo*, il est plein à craquer !

Il Gattopardo Café (2, A2)
Véritable choc pour la société milanaise lorsqu'il ouvrit ses portes dans une église désaffectée, Il Gattopardo est désormais bien établi. Avec son bar sur l'autel et son cadre baroque éclairé aux bougies, il attire un mélange hétéroclite de personnes venues danser dans la nef.
☎ 02 345 37 699
✉ Via Piero della Francesca 47 🕑 18h-4h mar-dim Ⓜ Bullona

Hollywood (2, C2) Bien que son décor date un peu, la discothèque la plus ancienne et la plus célèbre de Milan continue d'attirer mannequins, créateurs de mode et célébrités.
☎ 02 659 89 96 ✉ Corso Como 15 🕑 22h30-4h mar-dim, fermé juil et août Ⓜ Garibaldi

Magazzini Generali (2, D6) La position excentrée de cet établissement difficile à définir – discothèque, espace d'exposition et salle de concert – ne décourage

pas les Milanais : cet ancien entrepôt immense se rempli lorsque des artistes comme Wyclef Jean s'y produisent.
☎ 02 552 11 313
✉ Via Pietrasanta 14
🕑 22h-4h mer-dim, fermé juil et août Ⓜ Lodi

Old Fashion Café (2, B3)
Pour trouver cette institution milanaise, repérez la tente rouge à l'arrière de la Triennale. Si les videurs vous laissent entrer, vous profiterez de sublimes cocktails et de bons DJ dans un décor chic installé sous les arbres.
☎ 02 805 62 31
🖥 www.oldfashion.it
✉ Viale Emilio Alemagna 6 🕑 23h-4h Ⓜ Garibaldi

Plastic (2, F5) Avec son intérieur tout blanc et ses œuvres d'art aux murs, Plastic propose des soirées disco avant-gardistes et non conformistes. La clientèle variée arrive très tard.
☎ 02 73 39 96 ✉ Viale Umbria 120 🕑 22h-4h jeu-dim, fermé août Ⓜ Lodi

Shocking Club (2, C2)
Dans le sous-sol du Teatro Smeraldo (p. 65), ce club attire les Milanais depuis des années grâce à ses DJ renommés. Il est presque impossible d'entrer lors des très sélects soirées Blu Zone, mais on peut toujours tenter sa chance…
☎ 02 657 50 73
✉ Bastioni di Porta Nuova 12 🕑 22h30-3h mar-dim Ⓜ Moscova

Cadre chic et musique à la mode

Pour les chaudes nuits d'été

En été, Milan, comme de nombreuses villes européennes non côtières, transforme ses espaces urbains en paradis tropicaux pour tirer profit de la douceur estivale. Chaises longues en rotin, banquettes et coussins, lampions, bougies à la citronnelle, sable : avec un peu d'imagination, ces lieux deviennent de vraies oasis urbaines ! Il en existe des dizaines, en voici une sélection :

Aloha Beach Bar (2, F4 ; ☎ 02 702 08 265 ; IdroParkFila, entrée 5, Via Rivoltana 64) – bar samoan et musique italienne

Aperitifi Park Bar Bianco (2, B3 ; ☎ 02 864 51 176 ; Viale Ibsen) – bar branché où l'on écoute des rythmes jungle tout en profitant de l'air frais du Parco Sempione

Café Solaire (2, F4 ; ☎ 339 129 56 06 ; IdroParkFila, entrée 7, Via Rivoltana 64) – des DJ mixent de la house pendant que vous buvez, mangez, dansez ou bénéficiez d'un massage aquatique dans un jacuzzi privé !

Piscina Solari (2, A5 ; ☎ 335 395 082 ; Via Montevideo) – dans le jardin d'une piscine publique, ce paradis de la détente propose un *aperitivo* de 5 heures, dès 18h30, tous les jours !

ARTS DU SPECTACLE

Auditorium di Milano

(2, C6) Abandonné après la guerre, le Cinema Massimo (1939) abrite désormais cet impressionnant auditorium, siège de l'orchestre symphonique Giuseppe Verdi de Milan. On peut y écouter des ensembles internationaux et de la musique de chambre (le dimanche matin).
☎ 02 833 89 201
🖳 www.auditoriumdi-milano.org
✉ Largo Gustav Mahler, Corso San Gottardo 42a
🕐 billetterie 10h-19h
Ⓜ Porta Genova

CRT Teatro dell'Arte (2, B3)

Le Centro di Ricerca per il Teatro (CRT) propose des programmes alliant danse, théâtre, musique et vidéo au Palazzo dell'Arte ou à la Triennale, un espace d'exposition moderne au bord du Parco Sempione (p. 30).
☎ 02 890 11 644
🖳 info@teatrocrt.org

✉ Palazzo dell'Arte
Ⓜ Cadorna

Enel Centrale Idroelettrica Taccani (4, C2)

Les meilleurs spectacles de danse contemporaine ont lieu dans la centrale Taccani rénovée, à Trezzo d'Adda. Appelez pour réserver une place dans la navette gratuite.
☎ 02 71 67 91
🕐 billetterie lun-ven 11h30-18h30

Teatro dal Verme (3, A4)

Cette salle d'excellente qualité accueille des pièces, des concerts et des productions internationales, comme le spectacle de tambour de l'Ensemble Taiko de Shumei.
☎ 02 879 05 201
✉ Via San Giovanni sul Muro 2 Ⓜ Cairoli
🕐 billetterie 11h-21h

Teatro degli Arcimboldi

(2, D1) Les opéras, ballets et concerts de La Scala ont lieu dans ce théâtre moderne (mar-dim 20h). Un billet ATM (Transports milanais) donne accès à la navette depuis la Piazza del Duomo (18h45-19h) ou au train depuis la Stazione Centrale ou la Stazione Porta Garibaldi jusqu'à la Stazione Greco Pirelli.
☎ 02 647 08 76
✉ Viale dell'Innovazione, quartier Biocca

Le Piccolo Teatro Studio, lieu de théâtre inhabituel

Teatro Manzoni (3, E2)
Très apprécié des Milanais, ce théâtre propose des concerts, des comédies musicales et d'excellents spectacles de jazz dominicaux.
☎ 02 763 69 01 🖥 www.teatromanzoni.it ✉ Via Alessandro Manzoni 42 Ⓜ Montenapoleone

Teatro Grassi (Piccolo Teatro) (3, B4) Fondé en 1947 par le grand metteur en scène milanais Giorgio Strehler (1921-1997) et par Paolo Grassi, c'est un des meilleurs théâtres de répertoire avec des productions classiques et d'avant-garde.
☎ 02 723 33 222 🖥 www.piccoloteatro.org ✉ Via Rovello 2 Ⓜ Cordusio 🕐 billetterie 10h-18h45 lun-sam

Teatro Smeraldo (2, C2)
Une programmation variée, avec des comédies musicales, des opérettes, des concerts pop ou des musiciens de jazz comme George Benson.
☎ 02 290 06 767 🖥 www.smeraldo.it

✉ Piazza XX Aprile 10 Ⓜ Garibaldi

Teatro Strehler (Nuovo Piccolo) (3, B4) Dans les années 1970, Strehler jugea le Piccolo Teatro trop petit et en construisit un autre, lequel accueille désormais des ballets et le festival de théâtre méditerranéen. S'y rattache l'expérimental **Teatro Studio**, Via Rivoli.
☎ 02 723 33 222 ✉ Via Rovello 2 Ⓜ Cordusio 🕐 billetterie 10h-18h45 mar-sam

L'opéra historique alla Scala

La saison lyrique de la Scala dure du 7 décembre au mois de juillet. Vous pouvez assister à des pièces de théâtre, à des ballets et à des concerts toute l'année, sauf pendant les deux dernières semaines de juillet et d'août. Le somptueux édifice du XVIIIe siècle vient d'être rénové et a réouvert juste avant le début de la saison lyrique 2004-2005. Acheter des billets n'est pas aisé. Deux mois avant la représentation, vous pouvez les acheter par téléphone ou sur Internet. Un mois avant, ils sont mis en vente pour 10 à 155 € (20% de supplément pour les achats en ligne) à la **Scala** (☎ 02 86 07 75 ; www.teatroallascala.org) et à la **billetterie de la Scala** (☎ 02 720 03 744 ; Galleria del Sagrato, Piazza del Duomo ; 🕐 12h-18h ; souterrain du métro). Le jour même, deux heures avant le lever du rideau, ils se vendent 25% moins chers à la billetterie du **Teatro degli Arcimboldi**. Pour les disponibilités, appelez **Scala Infotel** (☎ 02 720 037 44 ; 🕐 9h-18h), consultez le kiosque à la billetterie de la Scala ou vérifiez sur le site. Costume obligatoire pour les hommes lors des ouvertures, veste et cravate le reste du temps.

MUSIQUE LIVE

Alcatraz (2, C1) Cet entrepôt rénové reçoit en semaine des grands noms du rock et de la pop, comme Coldplay et Air. Le week-end, il se transforme en discothèque : pop et revival le vendredi, rock et trash le samedi.
☎ 02 690 16 352
✉ Via Valtellina 25
🕐 22h-3h30 Ⓜ Zara

Blue Note (2, C1) La branche italienne de ce club de jazz international propose tous les types de jazz, de Dixieland au jazz-fusion contemporain.
☎ 02 690 16 888 ✉ Via Borsieri 37 🕐 21h et 23h30 lun-sam, 18h et 21h dim Ⓜ Garibaldi

Blues House (2, F1) Dans ce garage transformé, vous pourrez écouter du blues, du jazz, du rock et du folk presque tous les soirs. Le reste du temps, il s'agit de "groupes hommage".
☎ 02 279 93 621 ✉ Via S Uguzzone 26, Villa San Giovanni 🕐 22h45-tard Ⓜ Greco Pirelli

Grands concerts
De grands concerts et des spectacles internationaux ont lieu dans diverses salles à la périphérie de la ville. **Villa Arconati** (☎ 02 3500 5501 ; Castellazzo di Bollate, 5 km au nord de Milan) accueille un festival qui réunit en été les plus grands noms du rock, de la pop et de la musique indépendante. Citons également **FilaForum** (☎ 02 4885 71 ; www.filaforum.it ; Via di Vittorio, Agasso ; métro Romolo/Famagosto, puis navette), **PalaVobis** et **Mazda Palace** (☎ 02 334 00 551 ; Viale Sant'Elia 33 ; métro Lampugnano, près du stade San Siro) et le **stade San Siro** (Via Piccolomini ; métro Lotto). Renseignez-vous sur les navettes spéciales lorsque vous achetez vos billets.

Rolling Stone (2, F4) Ce haut lieu du rock milanais présente des groupes locaux naissants les jeudi et dimanche soir, du hip-hop le vendredi et de la musique latino le samedi.
☎ 02 73 31 72 ✉ Corso XXII Marzo 32 🕐 22h-3h jeu et ven, 21h-4h sam, 22h-4h dim

Scimmie (2, B6) Dans une rue passante de Naviglio Pavese, ce bar enfumé accueille des formations rock, blues, jazz, reggae et "hommage" tous les soirs, sauf le mercredi.
☎ 02 894 02 874 ✉ Via Cardinale Ascanio Sforza 49 🕐 20h-3h Ⓜ Porta Genova

Le Trottoir (2, C6) Des artistes en herbe accrochent leurs œuvres dans ce bar grunge, qui reçoit sur sa minuscule scène des groupes locaux émergents très divers.
☎ 02 837 81 66 ✉ Piazza XXIV Maggio 🕐 11h-3h

Un concert de piano classique dans un lieu néoclassique

CINÉMAS

Anteospazio Cinema
(2, C2) Ce centre présente divers styles de films classiques et indépendants, une librairie, un restaurant et un espace d'exposition. Il organise des cours et des conférences sur le cinéma.
☎ 02 659 77 32
🖳 www.anteospa-ziocinema.com ✉ Via Milazzo 9 Ⓜ Moscova

Arcobaleno Film Centre
(2, E2) Ce cinéma projette les dernières sorties internationales, mais pas toujours en version originale ; renseignez-vous avant d'acheter votre billet.
☎ 02 294 06 054
✉ Viale Tunisia 11
Ⓜ Porta Venezia

Cineteca Spacio Oberdan
(2, E3) La cinémathèque de Milan conserve quelque 15 000 films d'archive, promeut le cinéma italien, propose des projections spéciales et des séminaires avec des réalisateurs, et diffuse un large choix de films étrangers, indépendants et avant-gardistes, en version originale sous-titrée.
☎ 02 774 06 300
✉ Viale Vittorio Veneto 2
Ⓜ Porta Venezia

Festival du film de Milan

Pendant 10 jours à la mi-septembre, le **Festival du film de Milan** (☎ 02 713 613 ; www.milanofilmfestival.it) se tient au Piccolo Teatro dans le Castello Sforzesco. Il comprend une compétition internationale de longs et courts métrages, des rétrospectives, des séminaires, des ateliers, des installations, des expositions, des projections en plein air, des fêtes et des concerts dans le théâtre lui-même et dans les douves du château. Le festival propose un forfait touristique avec possibilité de séjourner dans une famille milanaise cinéphile !

En septembre, le Festival du film de Milan fait son cinéma

Soirées gay

La plupart des clubs milanais programment des soirées gay "officielles", où vous pourrez vous mêler à une clientèle particulièrement bien habillée ou à des go-go danseurs musclés !
Voici celles que nous vous conseillons :
- Jeudi – Gossip au G-Lounge (p. 61)
- Vendredi – Jet Lag au Magazzini Generali (p. 63)
- Samedi – Tea Dance au Gasoline Club (p. 62)
- Dimanche – Plastic (p. 63)

SPORTS

Football

Les deux clubs de football milanais, l'AC Milan et le FC Internazionale Milano (appelé l'Inter), jouent un dimanche sur deux en saison au **stade San Siro** (Stadio Giuseppe Meazza ; ☎ 02 487 00 457 ; Via Piccolomini 5). Prenez le tram n°24, le bus n°95, 49 ou 72, ou le métro jusqu'à la station Lotto, où une navette gratuite dessert le stade. Les billets pour les matches de l'AC Milan s'achètent au **Milan Point** (☎ 02 894 22 711 ; Corso San Gottardo 2) ou à la **banque Cariplo** (Via Verdi 8 ; métro Duomo), ceux

Le stade San Siro avant l'arrivée des hordes de supporters

pour l'Inter à la **Banca Popolare di Milano** (Piazza Meda 4 ; métro S Babila) ou à Ticket One (voir l'encadré p. 59). Le stade abrite un excellent **musée** (☎ 02 404 24 322 ; www.sansirotour.com ; musée et visite guidée adulte/enfant 12,50/10 € ; 🕙 10h-17h de la Porte 21, changement possible les jours de match), qui renferme des objets liés au foot, un cinéma et 24 reproductions grandeur nature de joueurs célèbres.

Grand Prix

Le Grand Prix d'Italie se déroule à l'**Autodromo Nazionale Monza** (☎ 03 92 48 21 ; www.monzanet.it ; Parco di Monza, Via Vedano 5) en septembre. Le circuit, à 20 km au nord du centre-ville, est accessible par le Viale Monza depuis le Piazzale Loreto.

Griserie de la vitesse à l'Autodrome di Monza

Où se loger

Les hôtels milanais figurent parmi les plus chers d'Europe. Trouver une chambre peut se révéler problématique pendant les semaines de la mode ou les événements commerciaux. Le reste de l'année, des modes d'hébergement variés sont disponibles près du Duomo et dans les quartiers environnants. Le tarif des chambres varie selon la demande. La liste ci-dessous propose un mélange de *palazzi* pittoresques, d'hôtels design, d'établissements de catégorie moyenne d'un bon rapport qualité/prix et de chambres pour voyageurs à petits budgets bien situées. Quelle que soit la saison, il vaut mieux réserver longtemps à l'avance.

Les hôtels italiens sont classés de une à cinq étoiles (catégorie luxe), selon le système international. Les établissements d'une ou deux étoiles sont fréquemment appelés *pensioni* et sont souvent dotés à la fois de sdb communes et privées. Les trois-étoiles indiqués ici possèdent généralement une suite avec sdb, un système de sécurité plus efficace et un personnel plus professionnel. Les quatre-étoiles vont des chaînes de style neutre (généralement dépourvues de vue intéressante) aux établissements design. La catégorie cinq-étoiles offre de merveilleuses possibilités, qui satisferont les plus exigeants.

La plupart des établissements cités servent le petit déjeuner. Il est généralement assez simple, car beaucoup d'Italiens se contentent pour ce repas d'un *espresso* avalé debout dans un café.

Tarifs des chambres

Les catégories indiquent le prix pour la nuit d'une chambre double ordinaire en haute saison.

Catégorie luxe	à partir de 300 €
Catégorie supérieure	200-300 €
Catégorie moyenne	100-200 €
Petit budget	en-dessous de 100 €

La cour intérieure du Four Seasons, agréable en toute saison

CATÉGORIE LUXE

Bulgari (3, D2)

Le meilleur bijoutier du monde, Antonio Citterio, n'a pas seulement créé cet hôtel raffiné, mais aussi son mobilier et ses accessoires – ce qui justifie d'y passer une ou deux nuits. Si son jardin privé jouxte les jardins botaniques, son spa et son restaurant sont des atouts supplémentaires. Le tarif peut paraître prohibitif, mais les connaisseurs de Citterio savent que la qualité a un prix.
☎ 02 805 80 51
🖳 www.bulgarihotels.com ✉ Via Privata Fratelli Gabba 7/b Ⓜ Montenapoleone Ⓟ ✂ 🖳 ✕

Hôtel Four Seasons (3, E3)

Un favori des gens branchés. Élégante demeure, à mille lieux désormais de sa vocation monastique du XVᵉ siècle, en plein cœur des maisons de mode milanaises. Plusieurs chambres somptueusement décorées donnent sur une cour centrale merveilleusement

Une tranche d'histoire au Four Seasons

calme. Le service est exemplaire, les équipements sont de premier ordre et les enfants aussi bien traités que ceux qui paient l'addition.
☎ 02 770 88 🖳 www.fourseasons.com ✉ Via Gesù 81 Ⓜ Montenapoleone Ⓟ ✂ 🖳 ✕ ♿

The Gray (3, D4)

Très chic. L'éclairage changeant du restaurant est impressionnant. Avec seulement 21 chambres (dont deux dotées de salles de gym privées), il obéit à la philosophie des hôtels design privilégiant le petit et l'unique. Malheureusement, le petit déjeuner déçoit et l'accès à Internet sans fil n'est pas possible de toutes les chambres. Si vous préférez la forme à la fonctionnalité, cela ne vous dérangera pas.
☎ 02 720 89 51
🖳 www.sinahotels.com ✉ Via San Raffaele 6 Ⓜ Duomo Ⓟ ✂ 🖳 ✕

Park Hyatt Milano (3, C4)

L'excellent Park Hyatt se dresse à quelques pas du Duomo. Élégant, discret et accordant une attention scrupuleuse aux détails, il est à la hauteur de sa situation exceptionnelle. Les chambres possèdent des plafonds élevés, de belles soieries et toutes les prestations habituelles des Park Hyatt.
☎ 02 882 11 234
🖳 www.milan.park.hyatt.com ✉ Via Tom-

Chambres design

On s'étonnait que, dans une ville aussi riche en activités liées au stylisme, le choix proposé aux amateurs de design se résumaient encore récemment aux *palazzi* traditionnels et aux hôtels de chaîne. Aujourd'hui, ceux qui souhaitent que leur hôtel soit aussi élégant que les vitrines de Milan n'ont que l'embarras du choix. Le très décontracté **Hotel Straf** (p. 71) se dresse presque en face de l'élégant **The Gray** (ci-dessus), non loin du bohème **Hotel Spadari al Duomo** (p. 71), tandis que **Townhouse 31** (p. 71) réinvente l'hôtel de style *palazzo*. Stimulés par le bijoutier **Bulgari** (ci-dessus), les créateurs de Milan aspirent désormais à surpasser les autres villes – ce qui amène la question brûlante : à quand l'hébergement dans la boutique Armani ?

maso Grossi 1 Ⓜ Duomo
Ⓟ ⚒ 🖳 ✕ ✕

Sheraton Diana Majestic (2, E3)

Un superbe Sheraton, avec bars branchés pour l'*aperitivo* et mobilier chic. Il occupe un édifice du début des années 1900 magnifiquement restauré, et possède des équipements dernier cri – comme le système sonore Bose installé dans chaque chambre. D'un bon rapport qualité/prix pour cette catégorie, il est difficile d'y trouver une chambre en haute saison, aussi réservez à l'avance.
☎ 02 205 81 🖳 www. starwoodhotels.com

✉ Viale Piave 42
Ⓜ Porta Venezia
Ⓟ ⚒ 🖳 ✕

Grand Hotel et de Milan (3, D2)

L'hôtel le plus prestigieux de Milan, ouvert en 1863, hébergea le célèbre compositeur Verdi pendant les dernières années de sa vie. Les suites sont décorées dans le style de l'époque, les autres chambres, Art déco ou Art nouveau. Sa proximité avec La Scala le rend inégalable pour les amateurs d'opéra, qui partageront l'hôtel avec les stars.
☎ 02 72 31 41 🖳 www. grandhoteletdemilan.it
✉ Via Alessandro Man-

zoni 29 Ⓜ Montenapoleone Ⓟ ⚒ 🖳 ✕

Le Meridien Excelsior Gallia (2, E1)

De nombreuses célébrités, comme Ernest Hemingway et Maria Callas, sont descendues dans cet élégant hôtel Art nouveau situé face à la Stazione Centrale, qui rappelle les fastes du début du XXᵉ siècle. Ouvert en 1932, il propose aujourd'hui des chambres décorées dans le style Art déco ou moderne français.
☎ 02 678 51 🖳 www. lemeridien.com
✉ Piazza Duca d'Aosta 9
Ⓜ Centrale FS
Ⓟ ⚒ 🖳

CATÉGORIE SUPÉRIEURE

Townhouse 31 (2, E3)

Avec 17 chambres seulement, ce quatre-étoiles design occupant un ancien *palazzo* accorde une attention particulière à chacun. Les chambres et les espaces publics sont clairs et aérés. L'*aperitivo* se prend dans une salle ouverte aux clients de l'extérieur.
☎ 02 701 56 00
🖳 www.designhotels. com ✉ Via C. Goldoni 31
Ⓜ Porta Venezia
Ⓟ ⚒ 🖳

Hotel Straf (3, D4)

Le plus chic des hôtels design proches du Duomo. Les chambres ordinaires, pas très grandes mais bien conçues, mélangent des matériaux tels que schiste, miroirs rayés et cuivre poli. Les lits confortables et l'excellent petit déjeuner compensent le service irrégulier.

☎ 02 890 95 294
🖳 www.straf.it
✉ Via San Raffaele 3
Ⓜ Duomo
Ⓟ ⚒ 🖳 ✕

Hotel Spadari al Duomo (3, C5)

Véritable œuvre d'art, chaque chambre de ce petit hôtel design a été personnalisée par des

Face au Duomo, l'Hotel Straf, design et chic

artistes italiens. Il est très bien situé dans le centre et sa proximité avec le Peck (p. 47) en fait un bon choix pour les gourmets et les amateurs d'art.
☎ 02 720 02 371
🖳 www.spadarihotel. com
✉ Via Spadari 11
Ⓜ Duomo
Ⓟ ⚒ 🖳 ✕

Una Hotel Tocq (2, C2)

Conçu avec élégance, cet établissement appartient à une chaîne italienne de quatre-étoiles. Les couche-tard apprécieront : il est situé en plein cœur du quartier des bars et des clubs les plus animés de la ville.
☎ 02 620 71
🖳 www.unahotels.it
✉ Via A De Tocqueville 7d
Ⓜ Garibaldi FS
Ⓟ ⚒ 🖳 🛋 ✕

CATÉGORIE MOYENNE

Antica Locanda dei Mercanti (3, B4)
Cet hôtel installé dans un *palazzo* résidentiel n'a aucun espace commun – le petit déjeuner au lit n'est donc pas un luxe, mais une nécessité. Toutes les chambres sont charmantes, mais celles avec terrasse sont les plus prisées. Pour plus d'authenticité, il n'y a pas de télévision – livres et magazines sont là pour vous distraire.
☎ 02 805 40 80
🖵 www.locanda.it
✉ Via San Tomaso 6
Ⓜ Cairoli, Cordusio, ou Duomo

Antica Locanda Solferino (2, C2)
Cet hôtel confortable, en plein cœur du quartier chic de Brera, a attiré des grands couturiers pendant des années. Chaque chambre est une merveille, ornée de gravures de Daumier et d'objets de style Art nouveau ou de la fin du XIXᵉ siècle. Un bon restaurant occupe le rez-de-chaussée. Il peut être difficile d'y trouver une chambre.
☎ 02 657 01 29
🖵 www.anticalocanda solferino.it ✉ Via Castelfidardo 2 Ⓜ Moscova ou Repubblica Ⓟ 🔀

Une terrasse privée à l'Antica Locanda dei Mercanti

Hotel Ariston (1, A6)
Cet établissement qui se targue d'être le premier hôtel "écologique" de Milan est un trois-étoiles moderne et confortable. La taille des chambres varie (les chambres simples sont étroites), mais toutes sont bien aménagées. Bien situé, à proximité des sites milanais et de la vie nocturne de Navigli.
☎ 02 720 00 556
🖵 www.brerahotels. com ✉ Largo Carrobbio 2 Ⓜ Duomo Ⓟ 🔀 🖵 ✉

Hotel Gritti (3, B5)
Les chambres de ce trois-étoiles donnent sur la tranquille Piazza Beltrade, juste en dessous du Duomo, à l'écart de la bouillonnante Via Torino. Les chambres, défraîchies ,sont propres et confortables, et représentent une bonne solution quand les autres établissements affichent complet.
☎ 02 80 10 56
🖵 www.hotelgritti.com
✉ Piazza Santa Maria Beltrade 4 Ⓜ Duomo ou Cordusio Ⓟ 🔀

Hotel Vecchia Milano (3, A5)
La réception de ce petit hôtel est franchement vieillotte et les chambres étroites et simples. Le personnel se révèle sympathique et l'adresse est bien située pour visiter la ville ou faire du shopping, non loin de quelques bons restaurants. Les prix baissent considérablement en été.
☎ 02 87 50 42
🖵 hotelvecchimilano@tis calinet.it ✉ Via Borromei 4 Ⓜ Cordusio 🔀

Quel hôtel choisir selon ses centres d'intérêt ?
Pour s'adonner au tourisme et au lèche-vitrine, choisissez un hôtel proche du Duomo. Si vous vous intéressez aux boutiques design, il vous sera plus facile de rapporter vos sacs haute couture vers un hôtel du *quadrilatero d'oro* (le quartier de la mode). Les amateurs d'atmosphère bohème préféreront se diriger vers Brera. Vous aimez prendre un verre et dîner dehors ? Choisissez un hôtel au sud du centre-ville pour pouvoir vous rendre à pied dans le quartier de Navigli – particulièrement agréable pendant la saison chaude.

Un établissement écolo-
gique : l'Hotel Ariston

Hotel King (2, B4)

À un jet de pierre du musée
d'archéologie, ce trois-étoiles
occupe un bel édifice ancien,
pourvu d'une réception
très luxueuse. Ses bonnes
prestations, sa situation, un
petit déjeuner correct et des
chambres impeccables en
font un choix excellent dans
ce quartier.
☎ 02 87 44 32
🖳 www.
hotelkingmilano.com
✉ Corso Magenta 19
Ⓜ Cadorna Ⓟ ✄

Hotel Manzoni (3, E2)

Dans le *quadrilatero d'oro*,
un trois-étoiles confortable
et spacieux, idéal pour poser
vos sacs de grands couturiers.
Un changement de style
réalisé par un décorateur
du quartier ne lui ferait pas
de mal. Recommandé pour
son emplacement et son
excellent petit déjeuner.
☎ 02 760 05 700
🖳 www.hotelmanzoni.
com ✉ Via Santo Spirito
20 Ⓜ Montenapoleone
Ⓟ ✄

PETIT BUDGET

Hotel Del Sole (2, F2)

Gravissez l'escalier en
colimaçon orné de miroirs
jusqu'à la réception, au
1ᵉʳ étage, où vous serez
accueilli avec le sourire. Les
chambres sont propres et les
tarifs dépendent du nombre
de clients. Certaines chambres
possèdent des terrasses
surplombant une cour. Vous
n'êtes qu'à quelques pas de
l'une des meilleures pizzerie
de Milan, Spontini (p. 54).
☎ 02 295 12 971
🖳 delsolehotel@tiscali.it
✉ Via Gaspare Spontini 6
Ⓜ Lima ✄

Hotel Speronari (3, C5)

Celles avec sdb sont
beaucoup plus confortables
que les autres, mais
toutes les chambres de cet
établissement accueillant
à une étoile sont d'un bon
rapport qualité/prix. Excellent
emplacement central à
proximité de la cathédrale.
☎ 02 864 61 125 ;
fax 02 720 03 178
✉ Via Speronari 4
Ⓜ Duomo

Hotel Nuovo (3, E5)

Non loin du Corso Vittorio
Emanuele II, c'est vraiment
une bonne affaire avec
ses chambres propres et
sa situation merveilleuse
en plein centre. Le confort
est sommaire, mais vous
passerez sûrement plus
de temps dans les rues
environnantes que dans ses
petites chambres.
☎ 02 864 64 444 ;
fax 02 720 01 752
✉ Piazza Beccaria 6
Ⓜ Duomo ou San Babila
✄

Hotel Ullrich (2, C5)

De la Piazza del Duomo,
suivez la Via Mazzini et son
prolongement, Corso Italia,
vers le sud, jusqu'au discret
Hotel Ullrich. Cette *pensione*
familiale, installée au 5ᵉ étage
d'un vieil édifice bien tenu,
offre des chambres propres
avec sdb commune. Dans
la cour intérieure, prenez
l'escalier à votre gauche,
indiqué "scala A".
☎ 02 864 59 156 ;
fax 02 80 45 35
✉ Corso Italia 6
Ⓜ Missori

L'escalier en colimaçon de l'Hotel Del Sole

Milan hier et aujourd'hui

HISTOIRE
Les premiers habitants, la conquête romaine

Des hommes de Néandertal habitaient déjà l'Italie du Nord il y a 70 000 ans. Des tribus gallo-celtes fondèrent Milan au VIIe siècle av. J.-C. et, en 222 av. J.-C., les légions romaines envahirent et occupèrent le "milieu de la plaine" – Mediolanum. Sa position straté-gique, sur les routes commerciales entre Rome et le nord-ouest de l'Europe, assura sa prospérité et, en 15 av. J.-C., l'empereur Auguste fit de Mediolanum la capitale ré-gionale. En 313, le célèbre édit de Milan fut signé entre les empereurs Constantin Ier et Licinius, accordant la liberté de culte aux chrétiens. De cette période datent les plus belles églises de Milan et l'influence d'Am-broise, évêque de Mediolanum (voir encadré p. 29), qui fit construire la Basilica di Sant'Ambrogio.

Farniente un jour d'été sur la Piazza del Duomo, devant la cathédrale

En 402, avec le déclin de l'Em-pire romain, Milan perdit sa puis-sance et les villes de l'Italie du Nord succombèrent à diverses invasions barbares. Les Lombards la conqui-rent en 569, et la dirigèrent depuis Pavie jusqu'en 754, quand, avec le soutien du pape, ils furent chassés par une invasion de Francs. Le jour de Noël de l'année 800 vit naître le Saint Empire romain germanique.

"Comuni" et dynasties

Au XIe siècle, un *comune* (conseil municipal) fut créé. La cité, dirigée par un conseil regroupant des membres de toutes les classes, entra dans une période de croissance rapide, mais, très vite, l'empereur germanique Barberousse (Frédéric Ier) profita des conflits locaux pour occuper Milan en 1162. La ville et ses alliés de la Lega Lombarda (Ligue lombarde) prirent leur revanche en 1176. À partir du milieu du XIIIe siècle, la ville fut gouvernée par différentes familles – les premiers dotés d'une véritable puissance furent les Visconti (1262-1447), qui contribuèrent avec les Sforza (1450-1535) au développement économique et territorial de la cité.

La domination étrangère

Après la mort du dernier Sforza, Francesco II, Milan tomba aux mains de l'Espagne. Au milieu du XVIe siècle, saint Charles Borromée (1538-1584), archevêque de Milan depuis 1564, joua un rôle majeur dans la réforme du clergé au concile de Trente et fit appliquer les décisions du concile dans son diocèse. Mais la foi n'empêcha pas la peste de dévaster Milan en 1577, et de tuer plus de la moitié de la population.

La domination espagnole s'acheva en 1706, quand l'Autriche prit le pouvoir pendant la guerre de la Succession de l'Espagne. Le traité d'Utrecht (1713) inaugura le règne de Marie-Thérèse d'Autriche, fondatrice du Teatro alla Scala. En 1796, un général français de 27 ans, Napoléon Bonaparte, pénétra à Milan en chassant les Autrichiens du pouvoir, lançant une vague de nationalisme. En 1797, Bonaparte constitua la nouvelle République cisalpine avec Milan pour capitale. Elle englobait le duché de Milan et une grande partie de la Lombardie. En 1802, elle devint République italienne et en 1805 royaume d'Italie. En 1815, après Waterloo, le congrès de Vienne rattacha Milan à l'Autriche.

L'unification

L'Autriche régna jusqu'à ce que les révolutions européennes de 1848 déclenchent les "Cinque Giornate di Milano" (Cinq Jours de Milan), du 18 au 22 mars, au cours desquels les révolutionnaires milanais affrontèrent les soldats autrichiens. L'Autriche retrouva sa puissance, mais des troupes menées par Victor Emmanuel II et Napoléon III écrasèrent les forces autrichiennes lors de la bataille de Magenta, en 1859, et intégrèrent Milan au nouveau royaume d'Italie, proclamé le 17 mars 1861 avec Turin pour capitale.

Les guerres mondiales

En 1919, le soldat Benito Mussolini (1883-1945), revenu de la Première Guerre mondiale, fonda le parti fasciste et devint le premier leader fasciste de l'Europe moderne, puis Premier ministre italien de 1922 à 1943. Il fut entraîné par Hitler à faire entrer son pays dans la guerre en 1940. Quand les Allemands quittèrent l'Italie en avril 1945, Mussolini et sa maîtresse tentèrent de les suivre, mais ils furent capturés au bord du lac de Côme et fusillés. En mai, l'Italie du Nord était libérée.

Le géant industriel

Après la rapide reprise économique d'après la guerre, Milan devint un géant industriel, suscitant une immigration massive d'Italiens venus du sud, plus pauvre, pour venir travailler dans des usines telles qu'Alfa Romeo et Pirelli. Les années 1960 donnèrent naissance à des groupes terroristes néo-fascistes et, en 1969, une bombe tua 16 personnes dans une banque de Milan. À cette époque l'industrie commença à s'orienter vers les

La tour Pirelli domine la ville moderne

services, tels que les médias, et dans les années 1980, vers la mode. Le chaos politique continua et des protestations de leaders industriels et politiques contre l'inefficacité et la corruption du gouvernement italien engendrèrent un parti séparatiste, la Lega Nord (Ligue du Nord).

Milan aujourd'hui

En 1992, le scandale de *Tangentopoli* éclata, impliquant des milliers d'hommes politiques, hauts fonctionnaires et hommes d'affaires milanais, parmi lesquels les grands noms de la mode, Versace et Armani. Un an plus tard, un attentat terroriste de la mafia sicilienne toucha le musée d'Art contemporain et, en 1995, c'est dans

Le saviez-vous ?
Population : 1,4 million d'habitants
Taux d'inflation : 2,6%
PNB/hab : 21 753 €
Chômage : 9%

La circulation du centre-ville

la même rue que le magnat de la mode Maurizio Gucci fut abattu.

En 1999, 9 meurtres en 9 jours consécutifs poussèrent le maire de centre droit, Gabriele Albertini, à demander conseil au maire de New York, Rudolph Giuliani. Grande pointure de Milan (et l'homme le plus riche d'Italie), Silvio Berlusconi devint Premier ministre en 2001. La relative stabilité du gouvernement italien et les liens étroits tissés entre l'élite milanaise et le Premier ministre ont permis à Milan de résoudre de nombreux problèmes.

ENVIRONNEMENT

Milan se trouve au cœur de la plaine du Pô (Pianura Padana), très peuplée et industrielle, bordée par les Alpes, les Apennins et l'Adriatique. Au nord, s'étend la région des lacs italiens, dont les plus proches de Milan sont le lac Majeur, le lac de Lugano et le lac de Côme.

Les Alpes protègent Milan et ses lacs des rudes hivers du Nord de l'Europe, mais en été les températures peuvent atteindre 30˚C, incitant les citadins à fuir la chaleur. Le célèbre brouillard milanais peut s'abattre sur la cité en toute saison et la pollution de l'air est légendaire. Elle est due aux nombreuses entreprises industrielles installées dans la ville et sa banlieue, dont les habitants s'échappent dès qu'ils le peuvent pour respirer l'air pur des lacs.

GOUVERNEMENT ET POLITIQUE

Milan est la capitale de la Lombardie (Lombardia), l'une des 20 régions administratives italiennes, chacune élisant son conseil, son cabinet et son président. Les régions sont divisées en provinces et en *comuni*. Milan est à la tête de la Provincia di Milano, divisée en 188 *comuni*, dont chacune est dirigée par un préfet qui choisit une assemblée provinciale. Les élections des 3 niveaux du gouvernement local ont lieu simultanément tous les 5 ans.

L'Italie est une république parlementaire, gouvernée par un président élu pour 7 ans, qui nomme le Premier ministre. La dernière élection présidentielle remonte à 1999. Les dernières élections parlementaires (qui se tiennent tous les 5 ans) ont eu lieu en mai 2001 quand le parti de Silvio Berlusconi, Forza Italia, constitua un gouvernement de droite. Mais l'Italie a opéré un important tournant aux élections européennes de juin 2004, quand les électeurs se sont massivement retournés contre Berlusconi, battu par la célèbre présentatrice italienne Lili Gruber.

Le maire de Milan, Gabriele Albertini, est membre de Forza Italia, et le président de la région de Lombardie, Roberto Formigoni, est proche de Berlusconi. Bien que tous deux possèdent des programmes indépendants pour la région, leur avenir politique risque de dépendre de celui de Berlusconi.

ÉCONOMIE

Milan, capitale économique de l'Italie, est la ville la plus riche du pays, et la contribution de la Lombardie au PNB national (20,2%) dépasse celle des autres régions. Environ 8% des entreprises et un tiers des multinationales italiennes sont installées à Milan. Les années 1970 virent le secteur tertiaire et celui des services croître rapidement et se substituer à la production industrielle de masse des années 1960, jusqu'à représenter aujourd'hui 69% de l'industrie milanaise. Le secteur financier connaît une croissance rapide depuis les années 1990 – avec 13% des entreprises financières du pays et le développement de la Bourse de Milan, qui traite 90% du marché national. Les foires commerciales recueillent un revenu annuel de 150 millions d'euros, attirant 3,6 millions de visiteurs chaque année. La production de meubles et de textile ainsi que l'habillement sont d'autres industries en plein essor.

SOCIÉTÉ ET CULTURE

Juste après Rome, Milan est une des provinces les plus peuplées d'Italie. De nombreux ouvriers affluèrent du sud du pays et des pays frontaliers au cours des années 1960. Aujourd'hui, la population étrangère (20/1 000 habitants) se partage assez également entre Européens (23,8%), Africains (25,5%) et Asiatiques (35,2%).

Les Milanais se considèrent comme travailleurs, dynamiques, ingénieux et optimistes, et affichent leur mépris pour ceux

À Milan, le shopping est un véritable sport

qui ne partagent pas ces caractéristiques – en l'occurence, toute l'Italie située au sud de Bologne. À l'opposé, pour nombre d'Italiens, les Milanais ne s'intéressent qu'à accumuler des richesses et à les montrer. Les Milanais ont la réputation d'être loyaux envers leurs amis et leurs familles et de se méfier de l'autorité : confrontés à un règlement absurde, une loi injuste ou un ordre stupide, ils ne se plaignent pas et n'essaient pas de changer les choses, préférant contourner le problème.

ARTS
Architecture

La plus belle contribution de Milan à l'architecture est le Duomo, gothique, la quatrième plus grande cathédrale du monde, construite par différents architectes entre 1397 et 1812. L'innovation architecturale a marqué le début du XVIIIe siècle, notamment avec Giuseppe Piermarini (1734-1808), particulièrement célèbre pour son Teatro alla Scala de 1778 (p. 15). Le début de l'architecture moderne en Italie fut incarné à la fin du XIXe siècle par la Galleria Vittorio Emanuele II, conçue par Giuseppe Mengoni entre 1864 et 1878.

Mussolini et l'époque fasciste inaugurèrent les édifices grandioses tels que la Stazione Centrale de Milan (1927-1931, p. 28). Milan fut ornée de deux surprenants gratte-ciel – la Torre Velasca de 20 étages (p. 28) dans les années 1950, puis la tour Pirelli de Gio Ponti (p. 27) en 1960. Les architectes milanais contemporains, tels que Diego Grandi, passent avec succès du bâtiment à l'ameublement et à l'art, et sont parmi les plus créatifs du monde.

Cinéma

Plusieurs films muets ont été tournés à Milan en 1896, mais ce n'est qu'au XXe siècle que l'industrie italienne débuta : les studios de production de Turin se multiplièrent, avec un pic de 50 studios en 1914. Le premier grand

Rêves de créateurs

Parmi les créateurs milanais, c'est l'architecte Gio Ponti (1891-1979) qui a eu la plus grande influence en Italie. Fondateur d'un des premiers magazines d'architecture italiens, *Domus,* en 1928, il prôna la fusion du mouvement rationaliste d'avant-garde et de la tradition, qui allait enfanter un "style italien" particulier.

Dans les années 1950 et 1960, l'attention se porte sur le design domestique. Les fabricants de lampes tels qu'Artemide attirent les grands créateurs, tandis que des sociétés comme Kartell lancent l'utilisation du plastique et du caoutchouc dans le design de mobilier. Les années 1980 voient la consolidation des maisons de design milanaises comme Alchimia, Memphis, Design Group Italia et Zanotta, qui emploient toutes des designers réputés. Pendant cette période, l'architecte designer Alessandro Mendini (né en 1931) collabore étroitement avec le magnat italien de la vaisselle Alessi, à l'instar d'Aldo Rossi (1931-1997) et du Ligurien Stefano Giovannoni (né à La Spezia en 1954), dont le Studio King Kong a conçu le petit bonhomme qui orne la ligne de produits Alessi.

succès fut *Cabiria* (1914), le plus long film italien d'alors (123 min). Les techniques modernes utilisées, telles que les pistes multiples, permirent de réaliser d'autres films à grand spectacle. En 1930, l'industrie fit faillite et Mussolini la fit nationaliser.

Milan vit naître le grand Luchino Visconti (1906-1976), aristocrate marxiste. Il réalisa de nombreux films, parmi lesquels *Senso* (1954), *Il Gattopardo* (Le Guépard, 1963) ou *Morte a Venizia* (Mort à Venise, 1971). Son film *Rocco e I suoi fratelli* (Rocco et ses frères, 1960), imprégné de néoréalisme, se déroule à Milan et conte l'histoire tragique d'Italiens du Sud venus chercher du travail. Une scène grandiose se déroule sur le toit du Duomo.

Littérature

Le grand poète italien Francesco Petrarca (1304-1374) arriva à Milan en 1359 après avoir fui la peste. Il consacra 7 années à écrire les sonnets du recueil *Il Canzoniere*, typiques du lyrisme qui dominait alors la poésie italienne. Sa copie personnelle annotée des *Géorgiques* de Virgile se trouve à la Biblioteca Ambrosiana (p. 16).

La poésie demeura le principal moyen d'expression littéraire jusqu'à ce qu'Alessandro Manzoni (1785-1873) écrive *I Promessi Sposi* (Les Fiancés). Le roman, qui se déroule dans le Milan du XVIIe siècle, a éveillé des sentiments nationalistes lors de sa parution dans les années 1840.

Né au Piémont, l'intellectuel Umberto Eco (né en 1932) vit à Milan ; il a connu la célébrité dès son premier livre, *Il Nome della Rosa* (Le Nom de la rose, 1980). Ses livres sont traduits en français.

Musique et opéra

Avec ses *Hymnes*, Ambroise (v. 340-397), évêque de Milan, a créé une liturgie populaire que reprendra le Moyen Âge. La musique instrumentale suivit et le premier instrument à cordes moderne

Statue de Verdi – icône de l'opéra italien

Le centre de la mode

Prada est né à Milan en 1913, mais de nombreuses maisons de haute couture, comme Gucci, étaient installées à Florence où se tenait le défilé de mode italien biannuel. Le pôle de la mode se déplaça à Milan dans les années 1950, ce qui, porté par la vague de créativité des années 1960, permit à Milan de devenir la capitale européenne de la mode. Parmi les grands stylistes milanais figurent Versace et Dolce et Gabbana. Pour plus de renseignements, voir le chapitre *Shopping*, p. 39-48.

Le 1er défilé international se tint en 1971. Depuis, des présentations saisonnières des collections ont lieu à la Fiera di Milano. En 1982, Georgio Armani révolutionna le secteur avec sa collection plus abordable de prêt-à-porter et créa, en 2000, sa boutique Emporio Armani. La concurrence oblige aujourd'hui le secteur à développer le prêt-à-porter. Seule une maison sur dix se consacre uniquement à la haute couture.

fut créé dans un atelier de Cremone, ville qui vit naître Claudio Monteverdi (v. 1567-1643).

Bien que rejeté du prestigieux conservatoire de Milan, Giuseppe Verdi (1813-1901) connut un immense succès au milieu de sa vie. Il créa son premier opéra, *Oberto* (1839), à Milan, ainsi que ses chefs-d'œuvre *Aïda*, *La Traviata* et *Otello*, dont la plupart furent d'abord interprétés à la Scala. Après la mort de sa femme, Verdi, le cœur brisé, vécut 4 ans au Grand Hotel de Milan avant de succomber à une attaque à l'âge de 87 ans.

L'*Aïda* de Verdi incita Puccini (1858-1924) à étudier au conservatoire de Milan à partir de 1880. Le rideau de la Scala se leva sur sa première création en 1884 ; *Turandot*, qui aurait été achevé après sa mort, n'y fut représenté qu'en 1926.

Peinture

L'histoire de la peinture de l'Italie du Nord est illustrée par des collections détaillées de la Pinacoteca di Brera (p. 10). Les fresques religieuses de Giovanni da Milano (1346-1369) furent fortement influencées par le naturalisme de Giotto (1266-1337), l'artiste toscan qui utilisait la lumière pour créer profondeur et effet dramatique.

Vincenzo Foppa, né à Brescia (1427-1515) et Andrea Mantegna (1431-1506), qui peignit sa première fresque à 17 ans, dominent l'école milanaise du XVe siècle. Le chef-d'œuvre de Mantegna, Le *Christ mort*, est conservé à la Pinacoteca di Brera.

Léonard de Vinci (1452-1519) peignit *La Cène* à Milan, à Santa Maria delle Grazie, marquant ainsi le début de la Renaissance classique. Les fresques de la Chiesa di San Maurizio furent réalisées par son élève, Bernardino Luini.

Le peintre milanais Le Caravage (Michelangelo Merisi di Caravaggio, 1573-1610) annonça un mouvement vers un nouveau naturalisme. Avec des voyous des rues et des prostituées pour modèles, son œuvre fut rejetée comme étant trop réaliste, mais son influence a traversé les siècles.

Carnet pratique

La célèbre Vespa, créée en 1946, est restée un symbole de liberté et de jeunesse

ARRIVÉE ET DÉPART
Avion

L'**aéroport de Malpensa** (4, A2), à 50 km au nord-ouest de Milan, accueille les vols européens et internationaux. L'**aéroport de Linate** (4, B3), à 7 km à l'est du centre, reçoit la plupart des lignes intérieures et quelques lignes européennes. L'**aéroport d'Orio al Serio** (4, C2) est celui des compagnies aériennes bon marché.

AÉROPORT DE MALPENSA
Renseignements

Informations sur les vols
☎ 02 748 52 200
Informations en ligne
www.sea-aeroportimilano.it

Desserte de l'aéroport

Le train **Malpensa Express** (☎ 02 202 22 ; www.ferrovienord.it ; ⏱ guichet 6h-20h20) relie la Stazione Nord à l'aéroport de Malpensa (aller 9/4,50 €, acheté dans le train 11,50/7,50 €, aller-retour 12/6 € ; 40 min, toutes les 30 min). Il existe aussi des bus tôt le matin et le soir (6,70 €, 50 min) ; l'arrêt se trouve Via Paleocapa.

L'aéroport est également desservi par **Malpensa Shuttle** (☎ 02 585 83 185 ; www.malpensa-shuttle .com ; ⏱ guichet 7h-21h), au départ de la Piazza Luigi di Savoia, devant la Stazione Centrale (toutes les 20 min, 5h-22h30). L'aller (1 heure) revient à 4,50/2,25 €. Un taxi jusqu'au centre coûte au moins 75 €.

AÉROPORT DE LINATE
Renseignements

Informations sur les vols
☎ 02 748 52 200
Informations en ligne
www.sea-aeroportimilano.it

Desserte de l'aéroport

De la Piazza Luigi di Savoia, devant la Stazione Centrale, les bus **STAM** (☎ 02 748 52 757) rejoignent l'aéroport de Linate (aller 2 €, 25 min, toutes les 30 min, de 5h40 à 21h35). Les billets sont vendus par le chauffeur. Vous pouvez aussi prendre le bus ATM n°73 (aller 1 €, 20 min, toutes les 15 min, de 5h30 à 20h) de la Piazza San Babila (angle Corso Europa). Un taxi jusqu'au centre coûte 15-20 €.

AÉROPORT D'ORIO AL SERIO
Renseignements

Informations sur les vols
☎ 03 532 63 23
Informations en ligne
www.orio aeroporto.it

Desserte de l'aéroport

De la Piazza Luigi di Savoia, devant la Stazione Centrale, les bus **Autostradale** (☎ 03 531 84 72 ; www.autostradale.it) se rendent à l'aéroport d'Orio al Serio (aller 6,70/3,35 €, 1 heure, toutes les 30-45 min, de 4h45 à 21h15).

Bus

Les arrêts sont disséminés dans toute la ville. À moins de savoir exactement où l'on va, mieux vaut donc emprunter le train.

De la **gare routière** (☎ 02 63 79 01 ; Piazza Sigmund Freud), face à l'entrée principale de la Stazione Porta Garibaldi, des bus desservent de nombreuses destinations nationales et internationales.

Train

La **Stazione Centrale** (2, E1 ; Piazza Duca d'Aosta) dessert toutes les principales villes italiennes. Pour les horaires, renseignez-vous au **bureau d'informations** (☎ 147 88 80 88 ; ⏱ 7h-21h). De la **Stazione Nord** (2, B4 ; Stazione Cadorna, Piazza Luigi Cadorna), les trains Ferrovie Nord Milano (FNM) relient Milan à Como. Les lignes ralliant les villes au nord-ouest de Milan partent de la **Stazione Porta Garibaldi** (2, C2 ; Piazza Sigmund Freud).

Visas et formalités
PASSEPORT
Pour les citoyens de l'UE, un passeport ou une carte d'identité nationale suffit. Les ressortissants canadiens et suisses doivent présenter un passeport en cours de validité.

VISA
Les ressortissants canadiens et suisses sont exemptés de visa pour un séjour touristique inférieur à 90 jours. Les ressortissants d'autres nationalités et les personnes souhaitant rester plus longtemps, pour travailler ou étudier à Milan, doivent se renseigner auprès de l'ambassade italienne de leur pays.

Douane
Toute marchandise excédant la limite imposée doit être déclarée. Les voyageurs arrivant de pays hors UE peuvent importer hors taxes 200 cigarettes, 1 l d'alcool, 2 l de vin, 50 ml de parfum et 250 ml d'eau de toilette.

Consignes à bagages
La plupart des hôtels disposent de consignes à bagages.
Stazione Centrale (2, E1 ; ☎ 02 6371 2667 ; ☯ 3h-1h).
Stazione Nord (2, B4 ; ☎ 800 55 77 30 ; ☯ 5h15-23h30). À côté du guichet Malpensa Express.
Stazione Porta Garibaldi (2, C2 ; 24h/24, 4 € ; ☯ 7h-20h30).

COMMENT CIRCULER
Le réseau de transport public milanais, géré par **ATM** (☎ 800 80 81 81 ; www.atm-mi.it), fonctionne bien. Des plans gratuits des lignes sont disponibles à l'**Info Point** (3, C5 ; ☯ 7h45-20h15 lun-sam) d'ATM, dans la station Duomo.

Cartes de transport
Un ticket ATM (1 €) est valable pour un parcours en métro ou pendant 75 min dans les bus et trams d'ATM. Vous pouvez acheter un carnet de 10 tickets (9,20 €) ou des billets illimités pour le bus, le tram et le métro (3/5,50 € pour 1/2 jours). On les trouve dans les stations de métro, les bureaux de tabac et les kiosques à journaux.

Bus et tramway
Un excellent réseau de bus et de tramways dessert la ville (généralement de 6h à 24h). Les trajets sont signalés et nombre d'arrêts disposent d'un écran indiquant le temps restant jusqu'au prochain passage.

Métro
Le réseau métropolitain compte 4 lignes (rouge MM1, verte MM2, jaune MM3 et bleue Passante Ferroviario) circulant de 6h à 24h.

Bicyclette
Rues pavées, automobilistes distraits, pistes cyclables rarissimes : circuler à vélo dans Milan est réservé aux plus courageux. On peut en louer pour 5 €/jour auprès d'**AWS Bici Motor** (2, E1 ; ☎ 02 670 72 145 ; Via Ponte Seveso 33), à l'angle de la Via Schiaparelli.

Taxi
Les taxis s'arrêtent rarement lorsqu'ils sont hélés. Rendez-vous à une station ou appelez le ☎ 02 40 40, 02 69 69 ou 02 85 85.

Voiture et moto
Entrer dans Milan en voiture est difficile. Le stationnement dans la rue – au niveau des lignes bleues – est limité à 2 heures. Pour payer, achetez une carte Sosta Milano auprès d'un buraliste, indiquez la date et l'heure, et placez-la sur votre pare-brise. Ne garez pas votre véhicule dans les zones marquées par des lignes jau-

nes (réservées aux résidents) ou par un panneau de mise en fourrière.

CODE DE LA ROUTE
À Milan, le danger surgit de partout : mobylettes, bus et mépris des feux de signalisation vous feront connaître quelques frayeurs. Redoublez de vigilance.

LOCATION
Hertz, Avis, Maggiore et Europcar possèdent des agences à la Stazione Centrale et aux aéroports de Malpensa et Linate. Ces mêmes compagnies, sauf Avis, sont représentées à l'aéroport d'Orio Al Serio.

PERMIS DE CONDUIRE
Gardez toujours sur vous les papiers de votre véhicule. Les permis de conduire européens sont valables dans tout le pays. Pour les détenteurs d'un permis non européen, il est conseillé de se munir d'un permis international.

ASSOCIATION AUTOMOBILE
L'**Automobile Club Italia** (ACI ; ☎ 02 774 51 ; Corso Venezia 43) fournit des informations utiles. Il a des accords avec la plupart des autres associations européennes ; renseignez-vous auprès de la vôtre avant le départ.

RENSEIGNEMENTS
Argent
MONNAIE
L'Italie figure parmi les 12 États membres de l'UE qui ont adopté l'euro le 1er janvier 2002. Il existe 7 billets (5, 10, 20, 50, 100, 200, 500 €) et 8 pièces (1 et 2 €, puis 1, 2, 5, 10, 20, 50 centimes).

CHÈQUES DE VOYAGE
Les bureaux de *cambio* (change) sont nombreux. Veillez toutefois à ne pas payer plus de 3% de commission (taux actuel des banques pour les chèques de voyage).

CARTES DE CRÉDIT
Les cartes Visa et MasterCard sont les plus largement acceptées en Italie. Il arrive cependant qu'elles soient refusées dans les petits hôtels et restaurants. Pour joindre une assistance ou faire opposition 24h/24, appelez les numéros suivants :

American Express	☎ 800 87 43 33
Diners Club	☎ 800 86 40 64
MasterCard	☎ 800 87 08 66
Visa	☎ 800 87 72 32

DISTRIBUTEURS AUTOMATIQUES DE BILLETS (DAB)
Étant donné l'importance du shopping à Milan, il n'est pas surprenant que des DAB soient disséminés un peu partout dans la ville.

CHANGE
Vous trouverez des bureaux de *cambio* aux aéroports de Linate et Malpensa ainsi qu'à l'ouest de la Piazza del Duomo.

American Express (3, E5 ; ☎ 02 721 04 010 ; Via Larga 4 ; ☺ 9h-17h30 lunven ; métro Duomo).

Banca Cesare Ponte (2, C5 ; Piazza del Duomo 19 ; métro Duomo). Change 24h/24, ici et à la Stazione Centrale.

Banca Commerciale Italiana (3, D3 ; Piazza della Scala ; métro Montenapoleone). Change 24h/24 et DAB.

Climat et quand partir
Les meilleures périodes pour visiter Milan s'étendent d'avril à juin et de septembre à octobre. En hiver, le temps peut être pluvieux, froid et brumeux ; en juillet et août, les commerçants ferment boutique et vont à la plage. Mai et juin sont agréables pour flâner dans les rues, mais les hébergements sont alors pris d'assaut par le public des grands salons. Les amateurs de soldes viennent en janvier et en juillet.

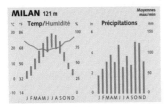

Électricité

Courant	220 V
Fréquence	50 Hz
Cycle	AC
Prises	prises standard rondes à deux fiches

Communauté homosexuelle

L'homosexualité est légale en Italien Italie, mais l'ombre du Vatican et des "valeurs familiales" plane sur la communauté gay et lesbienne. Néanmoins, Milan abrite l'une des plus importantes populations homosexuelles du pays, attirée par la très dynamique industrie de la mode. Les clubs et autres divertissements gay sont répertoriés dans des magazines, mais peuvent vous être communiqués par des organisations homosexuelles locales. Très informatif, le site www.gay.it/guida recense par régions les organisations et adresses gay. Plusieurs établissements gay exigent une carte de membre ArciGay pour entrer (voir ci-dessous).

RENSEIGNEMENTS ET ORGANISATIONS
Centro d'Iniziativa Gay – ArciGay Milano (2, E5 ; ☎ 02 541 22 225 ; www.arcigaymilano.org ; Via Bezzecca 3). Principale association homosexuelle ; organise chaque année en juin la Gay Pride de Milan.

Consulats
Belgique (☎ 02 29 06 20 62 ; Via Turati 12)
Canada (3, F4 ; ☎ 02 675 81 ; www.canada.it ; Via Vittor Pisani 19).
France (2, D2 ; ☎ 02 655 91 41 ; www.france-italia.it ; Via Cesare Mangili 1).
Suisse (2, D3 . ☎ 02 777 91 61 ; www.eda.admin.ch/milan_cg/f/home/repre.html ; Via Palestro 2).

Fitness
Les Milanais aiment entretenir leur forme, mais souvent en salle à cause du mauvais temps. Le week-end, ils font du ski ou du vélo en dehors de la ville.

GYM
Downtown Palestre (3, E2 ; ☎ 02 760 14 85 ; Piazza Cavour 2 ; journée 40 €/pers ; ☺ 7h-24h lun-ven, 10h-21h sam-dim ; métro Turati).

NATATION
Piscina Solari (2, A5 ; ☎ 02 469 52 78 ; Via Montevideo 11 ; 4 € ; ☺ 10h-21h20 lun-ven, 12h30-17h sam mai-juil, horaires réduits en hiver, fermé août ; métro Sant'Agostino).
The Bacone (2, F2 ; ☎ 02 294 00 393 ; Via Piccini 8 ; 4 € ; métro Sant'Agostino). Piscine publique (aquagym, leçons pour enfants, cours de sauvetage etc.).
Lido (☎ 02 392 6 61 00 ; Piazzale Lorenzo Lotto ; 4 € ; métro Lotto). Juste à l'est de la Fiera di Milano, piscine avec pataugeoires, toboggans et autres divertissements aquatiques. Dispose également d'une piste de roller.

Handicapés
L'Italie n'est pas très accueillante pour les voyageurs handicapés, mais Milan essaye au moins de leur faciliter la vie. **Milano Per Tutti** (www.milanopertutti.it) possède une base de données sur l'accessibilité au sein de la ville. Le site Web

est géré par **AIAS Milano** (☎ 02 392 64 590 ; www.aiasmilano.it ; Via Mantegazza 10), une organisation prodiguant des conseils sur des "vacances sans barrières".

Heure locale

Milan est à l'heure GMT + 1 heure en hiver et GMT + 2 heures en été (on change d'heure le dernier dimanche de mars et le dernier dimanche d'octobre). L'Italie utilise un système horaire de 24 heures.

Heures d'ouverture

Les magasins ouvrent de 10h à 19h du lundi au samedi, mais beaucoup ferment le lundi matin et certains entre 13h et 15h30. Les musées et les galeries ont des horaires variables, mais ferment généralement le lundi. Les banque accueillent le public de 8h30 à 13h30 et de 15h30 à 16h30 en semaine (variations possibles). Les bureaux de change fonctionnent 24h/24. Les bars et les cafés reçoivent les clients de 7h30 à 20h, mais certains restent ouverts tard le soir. Les discothèques ouvrent vers 22h, mais se remplissent rarement avant minuit ; la fête bat son plein jusqu'à 3h-4h. De nombreuses entreprises et boutiques ferment au moins une partie du mois d'août, lorsque les Italiens quittent la ville en quête de fraîcheur.

Internet

FOURNISSEURS D'ACCÈS INTERNET

La plupart des FAI internationaux disposent de points d'accès en Italie. Téléchargez une liste avant votre départ. Les hôtels de catégorie supérieure offrent généralement une connexion Internet et certains peuvent vous prêter un ordinateur portable.

CYBERCAFÉS

Internet Enjoy (2, B6 ; ☎ 02 835 72 25 ; Alzaia Naviglio Pavese 2 ; 3,10 €/ heure ; ⏱ 9h-1h lun-sam, 20h-1h dim ; métro S Ambrogio).

Extremelot (2, B6 ; ☎ 02 454 91 469 ; Ripa Porta Ticinese 9 ; 6 €/heure ; métro S Ambrogio). Rarement bondé et certainement le plus confortable.

Le Point Contact (2, E2 ; ☎ 02 671 01 061 ; Via Pergolesi 21 ; 4 €/heure ; ⏱ 9h-22h ; métro Caiazzo).

SITES WEB UTILES

Le site de Lonely Planet (www. lonelyplanet.com) comporte des liens vers de nombreux sites Web milanais. Citons également :

Office du tourisme de Milan (www. milanoinfotourist.com)

Milan Daily (www.milandaily.com). Site en anglais publiant les dernières nouvelles concernant Milan.

Journaux et magazines

Le guide complet des événements de Milan, *Milano è Milano*, vendu à l'office du tourisme (3 €) est très utile. L'édition en ligne de *Hello Milan* (www.hellomilano.it) est plus riche que sa version papier mensuelle (gratuite). *Easy Milano* (www. easymilano.it) est une publication électronique et papier pour les Anglophones. Premier quotidien d'Italie, le *Corriere della Sera* (www.corriere.it) a la meilleure rubrique internationale et la couverture de l'actualité la plus exhaustive. Les informations financières sont fournies par *Milano Finanza* (www.milanofinanza.it). Des journaux étrangers sont disponibles à Milan et dans les aéroports.

Jours fériés

Outre les jours fériés mentionnés ci-dessous, Milan célèbre le 7 décembre la fête de son saint patron, saint Ambroise.

Nouvel An	1er janvier
Épiphanie	6 janvier
Lundi de Pâques	mars/avril

Jour de la Libération	25 avril
Fête du Travail	1er mai
Assomption	15 août
Toussaint	1er novembre
Fête de l'Immaculée Conception	8 décembre
Noël	25 décembre
Santo Stefano	26 décembre

Objets trouvés

Ufficio Ogetti Rinvenuti (☎ 02 546 81 18 ; Via Friuli 30 East ; ☽ 8h30-16h lun-ven ; métro Lodi TIBB). Bureau des objets trouvés de Milan.

Offices du tourisme
À Milan

Office du tourisme central (3, D5 ; ☎ 02 725 24 301 ; www.milanoinfotourist.com ; Via Marconi 1 ; ☽ 8h45-13h et 14h-18h lun-sam, 9h-13h et 14h-17h dim ; métro Duomo).

Aéroport de Linate (4, B3 ; ☎ 02 702 00 443 ; www.sea-aeroportimilano.it ; ☽ 9h-17h lun-ven).

Aéroport de Malpensa (4, A2 ; ☎ 02 748 67 213 ; www.sea-aeroportimilano. it ; ☽ 9h-17h lun-ven).

Stazione Centrale (2, E1 ; ☎ 02 725 24 360 ; ☽ 8h-19h lun-sam, 9h-12h et 13h30-18h dim).

À l'étranger

Belgique (☎ 02 647 11 54, fax 02 64 05 603 ; enit-info@infonie.be ; av. Louise 176, 1050 Bruxelles)

Canada (☎ 416-925 4882 ; enit.canada @on.aibn.com ; Suite 907, South Tower, 17 Bloor St E, Ontario M4W3R8 Toronto)

France (☎ 01 42 66 66 68, fax 01 47 42 19 74 ; enit.parigi@wanadoo.fr ; 23 rue de la Paix, 75002 Paris)

Suisse (☎ 043 466 40 40 ; enit@ bluewin.ch ; Uraniastr. 32, 8001 Zurich)

Photographie et vidéo

Il est très mal vu de prendre des clichés dans les boutiques de Milan et les photographies au flash sont interdites sur bon nombre de sites historiques. Vous trouverez à la FNAC (p. 46), pellicules, cassettes, cartes mémoire et autres accessoires pour appareils photo numériques. L'Italie utilise le système PAL (comme les autres pays d'Europe, hormis la France).

Poste

Les services postaux italiens sont lents, chers et peu fiables. Le ☎ 160 et le site www.poste.it fournissent des renseignements (en italien) sur les services postaux.

Poste centrale (3, B5 ; Piazza Cordusio ; ☽ 8h-19h lun-ven, 8h30-12h sam).

Stazione Centrale (2, E1 ; Piazza Duca d'Aosta ; ☽ 8h-19h lun-ven, 8h30-12h30 sam).

TARIFS POSTAUX

Les *francobolli* (timbres) s'achètent dans les bureaux de poste et les bureaux de tabac. Pour une carte postale ou une lettre jusqu'à 20 g, il existe 3 zones : zone 1 (Europe et Bassin méditerranéen) 0,62 € ; zone 2 (Afrique, Asie et Amérique) 0,77 € ; zone 3 (Pacifique) 0,77 €.

Pourboires

Dans les restaurants où le service n'est pas inclus, il est d'usage de laisser un pourboire de 10%. Lorsque le service est inclus, vous pouvez laisser un petit quelque chose si vous estimez que c'est mérité. Le pourboire au chauffeur de taxi n'est pas courant, mais rien ne vous empêche d'arrondir à l'euro supérieur. Les bagagistes des grands hôtels attendent quant à eux un pourboire (environ 0,50 € par valise). Dans les bars, les Italiens laissent souvent quelques pièces – surtout si l'*aperitivo* était accompagné de plusieurs assiettes de hors-d'œuvre.

Radio
Il existe 3 stations de radio publiques : RAI-1 89.7 FM, RAI-2 91.7 FM, RAI-3 93.7 AM. Pour plus d'informations à leur sujet, consultez le site www.radio.rai.it. À Milan, 2 stations de radio musicales ont le vent en poupe : Radio DJ (www.deejay.it) sur 99.7 FM et 107 FM et Radio Capitale (www.capital.it) sur 91 FM et 93.1 FM.

Réductions
CARTE D'ÉTUDIANT ET CARTE JEUNE
La **carte ISIC** (International Student Identity Card ; www.isiccard.com), réservée aux étudiants, est émise par plus de 5 000 organisations dans le monde. Elle permet de bénéficier d'entrées à tarif réduit, de vols bon marché, etc. Les - 25 ans qui ne sont pas étudiants peuvent se procurer la **carte IYTC** (International Youth Travel Card ; www.isiccard.com). En Italie, la **carte Euro<26** (www.euro26.org), appelée **Carta Giovani** (www.cartagiovani.it), s'avère toutefois plus utile. Plus largement acceptée, elle offre des réductions similaires à la carte ISIC.

Santé
VACCINS
Aucun vaccin n'est requis pour entrer en Italie.

PRÉCAUTIONS
Coups de soleil, ampoules et maux de ventre dus à des repas trop riches sont les seuls risques que vous courez à Milan. L'eau du robinet est potable. Sauf mention contraire (*acqua non potabile*), l'eau des fontaines ne présente aucun danger.

SERVICES MÉDICAUX
Milan Clinic (3, F4 ; ☎ 02 760 16 047 ; www.milanclinic.com ; Via Cerva 25 ;

métro San Babila). Clinique privée.
Ospedale Maggiore Policlinico (2, D5 ; ☎ 02 550 33 171 ; Via Francesco Sforza 35 ; métro Crocetta).
Pour les urgences dentaires, allez à l'hôpital.

PHARMACIES
Les pharmacies affichent dans leur vitrine la liste de celles qui restent ouvertes toute la nuit. Vous pouvez aussi appeler le ☎ 166 114 470.

Pharmacie 24h/24 (2, E1 ; ☎ 02 669 09 35 ; Stazione Centrale).
Farmacia Carlo Erba (3, C5 ; ☎ 02 87 86 68 ; Piazza del Duomo 21 ; ⏰ 21h-8h30). Pharmacie ouverte toute la nuit.

Système métrique
Système métrique européen standard.

Téléphone
L'entreprise publique Telecom Italia (www.telecomitalia.it) est le plus grand opérateur de télécommunications d'Italie. Ses cabines téléphoniques de couleur orange sont disséminées dans les rues et les gares de Milan.

CARTES TÉLÉPHONIQUES
Les téléphones acceptent les cartes Telecom Italia (5/10/20 €). Elles s'achètent dans les postes, les bureaux de tabac, les kiosques à journaux, les distributeurs des gares et les agences Telecom. Sachez qu'elles ont une date d'expiration.

TÉLÉPHONES PORTABLES
Plusieurs compagnies permettent de contracter un abonnement temporaire ou prépayé si vous disposez déjà d'un téléphone cellulaire bi ou tri-bande. TIM (Telecom Italia Mobile) et Omnitel proposent des comptes *prepagati* (prépayés), au moyen desquels on peut se procu-

rer une carte SIM (51,65 €) donnant droit à un crédit téléphonique de 25,80 €. Les appels coûtent environ 0,10 €/min. Les services ci-dessus sont proposés un peu partout.

INDICATIFS

L'indicatif de la ville (y compris le 0) fait partie intégrante du numéro et doit être composé pour tout appel, qu'il soit local ou international. Il n'y a pas de 0 initial pour les numéros de portables. Les indicatifs sont les suivants :

Italie	☎ 39
Milan	☎ 02

NUMÉROS UTILES

Cinémas et musées	☎ 1101
Hôtels et DAB	☎ 1102
Renseignements internationaux	☎ 176
Opérateur international	☎ 170
Opérateur local et renseignements nationaux	☎ 12
Appel en PCV	☎ 170
Pharmacies	☎ 100

Télévision

Les 3 chaînes publiques, RAI-1, RAI-2 et RAI-3, rivalisent avec les chaînes privées Canale 5, Italia 1, Rete 4 et La 7 pour offrir au public des émissions de débats et de variétés , ainsi que des programmes de qualité (surtout sur RAI-3). À Milan, plusieurs chaînes locales contribuent aux productions généralement médiocres du petit écran. Nombre des hôtels haut de gamme reçoivent BBC World et CNN.

Toilettes

Les toilettes publiques étant rares (et assez mal entretenues) à Milan, mieux vaut entrer dans le café ou le bar le plus proche. Attention : la politesse veut que l'on commande d'abord un café !

Urgences

Ambulance	☎ 118
Carabinieri (police militaire)	☎ 112
Pompiers	☎ 115
Police	☎ 113

Poste de police pour les étrangers (☎ 02 622 61 ; Via Montebello 26).
Poste de police (☎ 02 622 61 ; Via Fatebenefratelli 11).

Voyager seule

Les voyageuses attirent souvent l'attention des Italiens et se débarrasser d'un Roméo importun n'est pas toujours chose aisée. Ignorez-le, dites-lui que vous avez un *marito* (mari) ou un *fidanzato* (petit ami), ou allez-vous en. Si les choses évoluent mal (ce qui reste plutôt rare), approchez-vous d'un policier ou d'un *carabiniere*.

LANGUE

Bien que les Italiens parlent souvent quelques mots de français, toute tentative de s'adresser à eux dans leur langue sera appréciée. Voici quelques expressions utiles pour commencer.

Civilités

Bonjour.	*Buongiorno.* (pol)
	Ciao. (fam)
Au revoir.	*Arrivederci.* (pol)
	Ciao. (fam)
Oui.	*Sì.*
Non.	*No.*
S'il vous plaît.	*Per favore/*
	Per piacere.
Merci.	*Grazie.*
De rien.	*Prego.*
Excusez-moi.	*Mi scusi.*
Pardon (je suis désolé).	*Mi perdoni.*
Parlez-vous français ?	*Parla francese?*

Je ne comprends pas.	*Non capisco.*
Combien ça coûte ?	*Quanto costa?*

Transports

À quelle heure	*A che ora*
part/arrive... ?	*parte/arriva...?*
le bus	*l'autobus*
le bateau	*la barca*
le train	*il treno*

Je voudrais	*Vorrei*
un billet...	*un biglietto di...*
aller simple	*solo andata*
aller-retour	*andata e ritorno*

Où est... ?	*Dov'è ...?*
Allez tout droit.	*Si va sempre diritto.*
Tournez à	*Giri a*
gauche/droite.	*sinistra/destra.*

Hébergement

un hôtel	*un albergo*
Est-ce qu'il vous reste	*Avete*
des chambres ?	*delle camere libere?*
une chambre...	*una camera...*
simple	*singola*
avec deux lits	*doppia*
avec un lit double	*matrimoniale*
une chambre avec	*una camera con*
salle de bains	*bagno*

En ville

Je cherche...	*Cerco ...*
le marché	*il mercato*
des toilettes	*un gabinetto*
l'office	
du tourisme	*l'ufficio di turismo*
A quelle heure	*A che ora (si)*
ouvre/ferme-t-il ?	*apre/chiude?*

Repas

petit déjeuner	*prima colazione*
déjeuner	*pranzo*

dîner	*cena*
L'addition,	*Il conto,*
s'il vous plaît.	*per favore.*

Shopping

Je regarde	*Sto solo*
seulement.	*guardando.*
Combien ça coûte ?	*Quanto costa?*

Acceptez-vous... ?	*Accettate... ?*
les cartes de crédit	*carte di credito*
les chèques	*assegni per*
de voyage	*viaggiatori*

Heures, dates et chiffres

Quelle heure est-il ?	*Che ora è?*
aujourd'hui	*oggi*
demain	*domani*
hier	*ieri*
matin	*mattina*
après-midi	*pomeriggio*
jour	*giorno*
lundi	*lunedì*
mardi	*martedì*
mercredi	*mercoledì*
jeudi	*giovedì*
vendredi	*venerdì*
samedi	*sabato*
dimanche	*domenica*

1	*uno*
2	*due*
3	*tre*
4	*quattro*
5	*cinque*
6	*sei*
7	*sette*
8	*otto*
9	*nove*
10	*dieci*
100	*cento*
1000	*mille*

Index

Reportez-vous aux index Où se restaurer (p. 93), Où se loger (p. 93), Shopping (p. 94) et Sites, enrichis de renvois aux cartes (p. 95).

OÙ SE RESTAURER

OÙ SE LOGER

SHOPPING

Sites

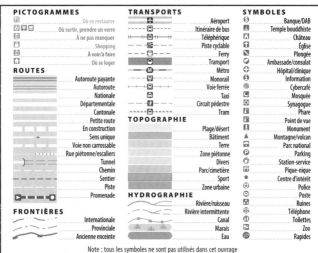

PICTOGRAMMES

	Où se restaurer
	Où sortir, prendre un verre
	À ne pas manquer
	Shopping
	À voir/à faire
	Où se loger

ROUTES

	Autoroute payante
	Autoroute
	Nationale
	Départementale
	Cantonale
	Petite route
	En construction
	Sens unique
	Voie non carrossable
	Rue piétonne/escaliers
	Tunnel
	Chemin
	Sentier
	Piste
	Promenade

FRONTIÈRES

	Internationale
	Provinciale
	Ancienne enceinte

TRANSPORTS

	Aéroport
	Itinéraire de bus
	Téléphérique
	Piste cyclable
	Ferry
	Transport
	Métro
	Monorail
	Voie ferrée
	Taxi
	Circuit pédestre
	Tram

TOPOGRAPHIE

	Plage/désert
	Bâtiment
	Terre
	Zone piétonne
	Divers
	Parc/cimetière
	Sport
	Zone urbaine

HYDROGRAPHIE

	Rivière/ruisseau
	Rivière intermittente
	Canal
	Marais
	Eau

SYMBOLES

	Banque/DAB
	Temple bouddhiste
	Château
	Église
	Plongée
	Ambassade/consulat
	Hôpital/clinique
	Information
	Cybercafé
	Mosquée
	Synagogue
	Phare
	Point de vue
	Monument
	Montagne/volcan
	Parc national
	Parking
	Station-service
	Pique-nique
	Centre d'intérêt
	Police
	Poste
	Ruines
	Téléphone
	Toilettes
	Zoo
	Rapides

Note : tous les symboles ne sont pas utilisés dans cet ouvrage

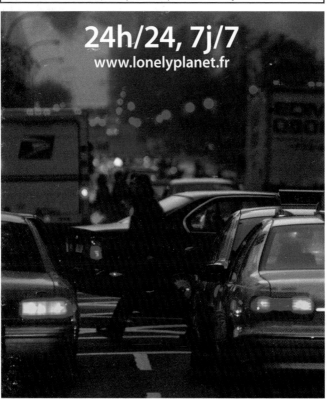

24h/24, 7j/7
www.lonelyplanet.fr